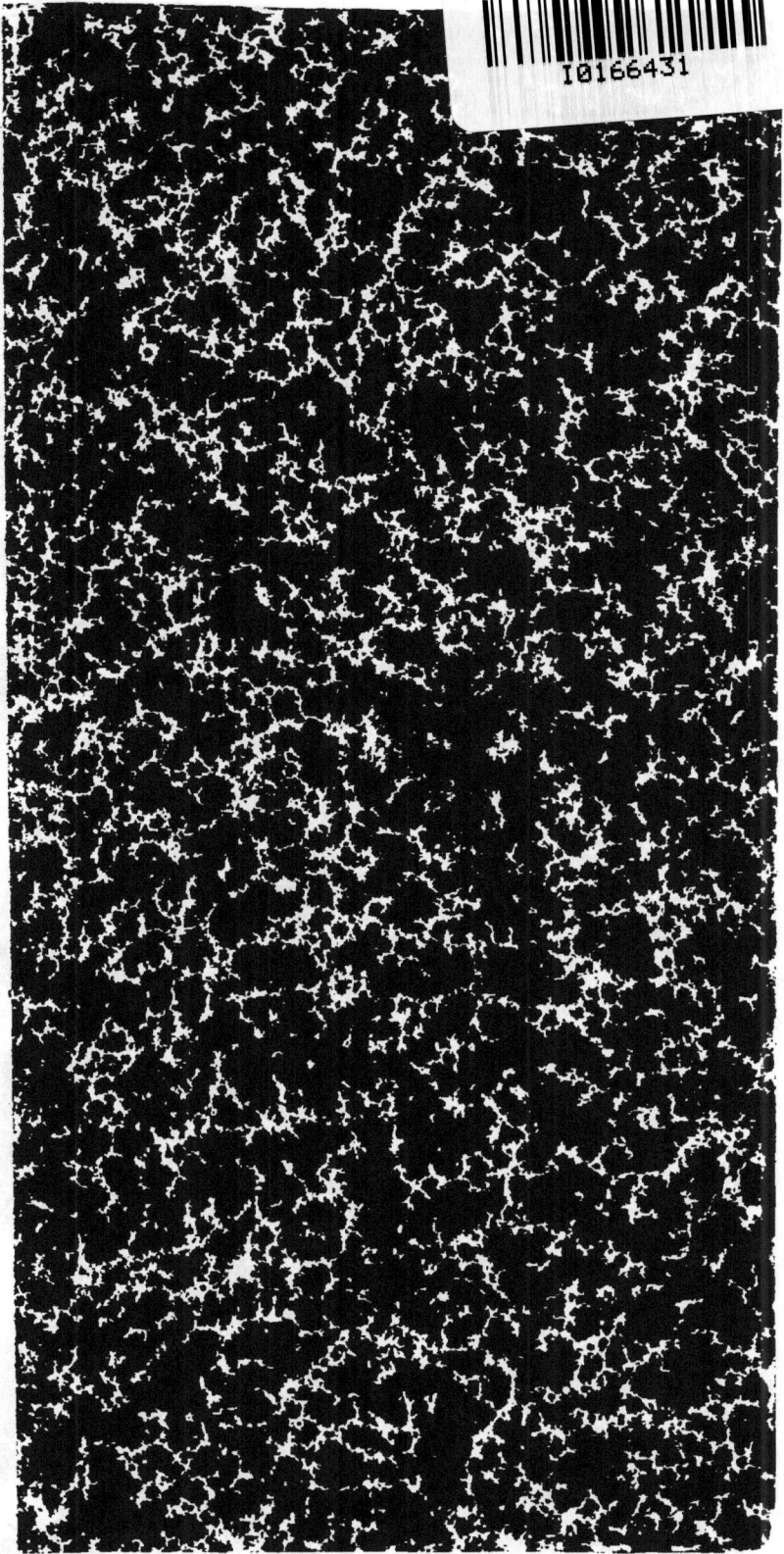

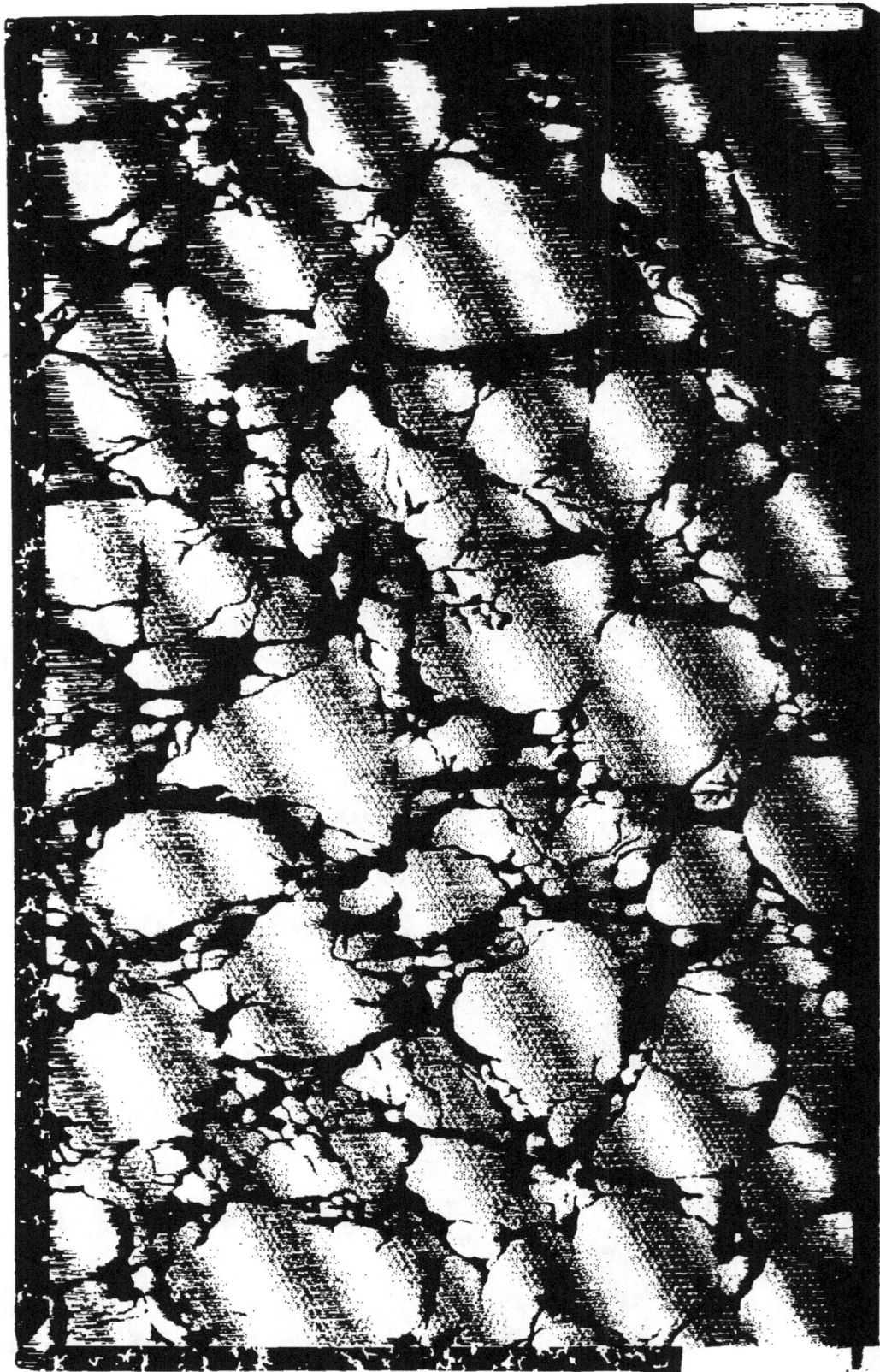

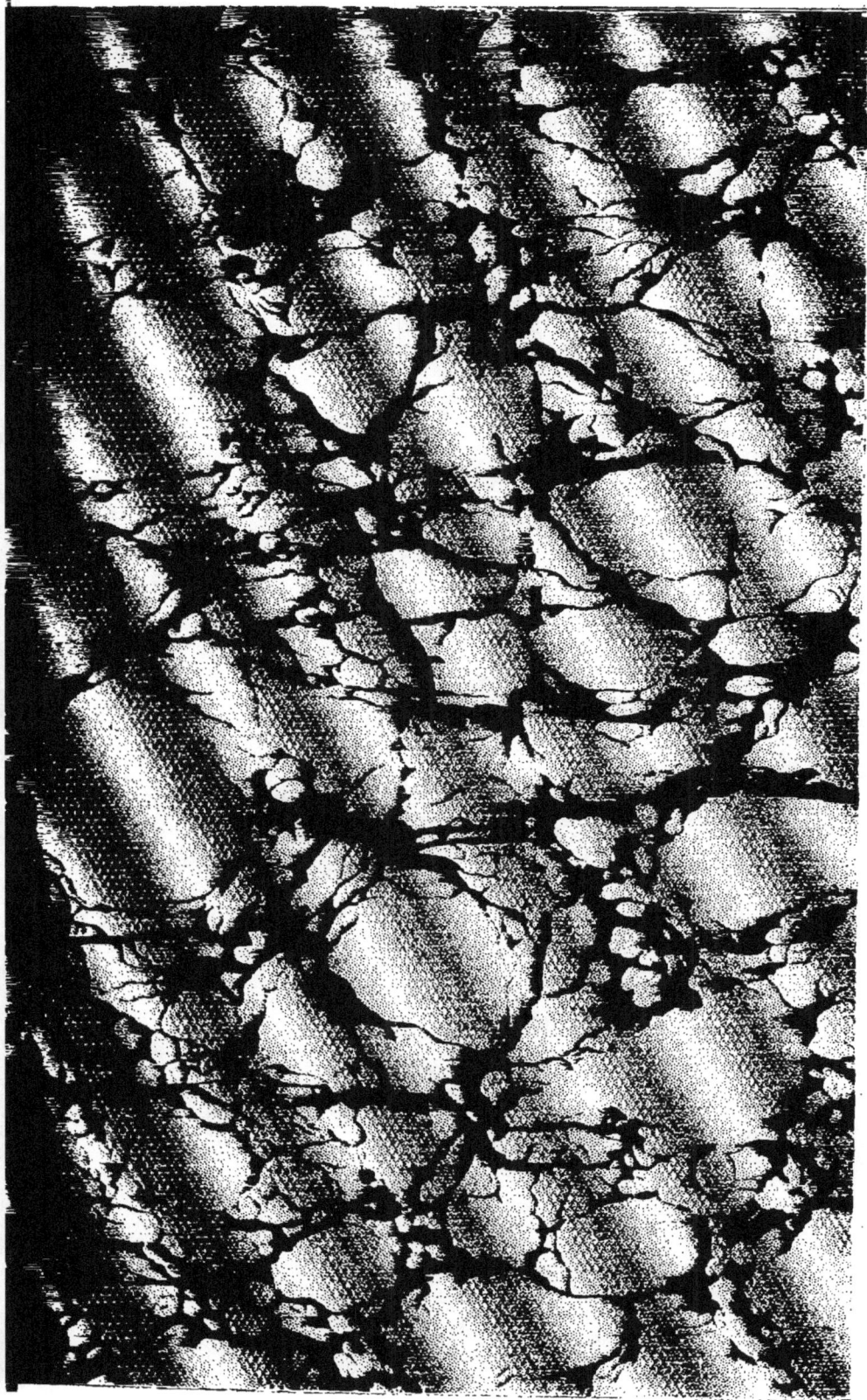

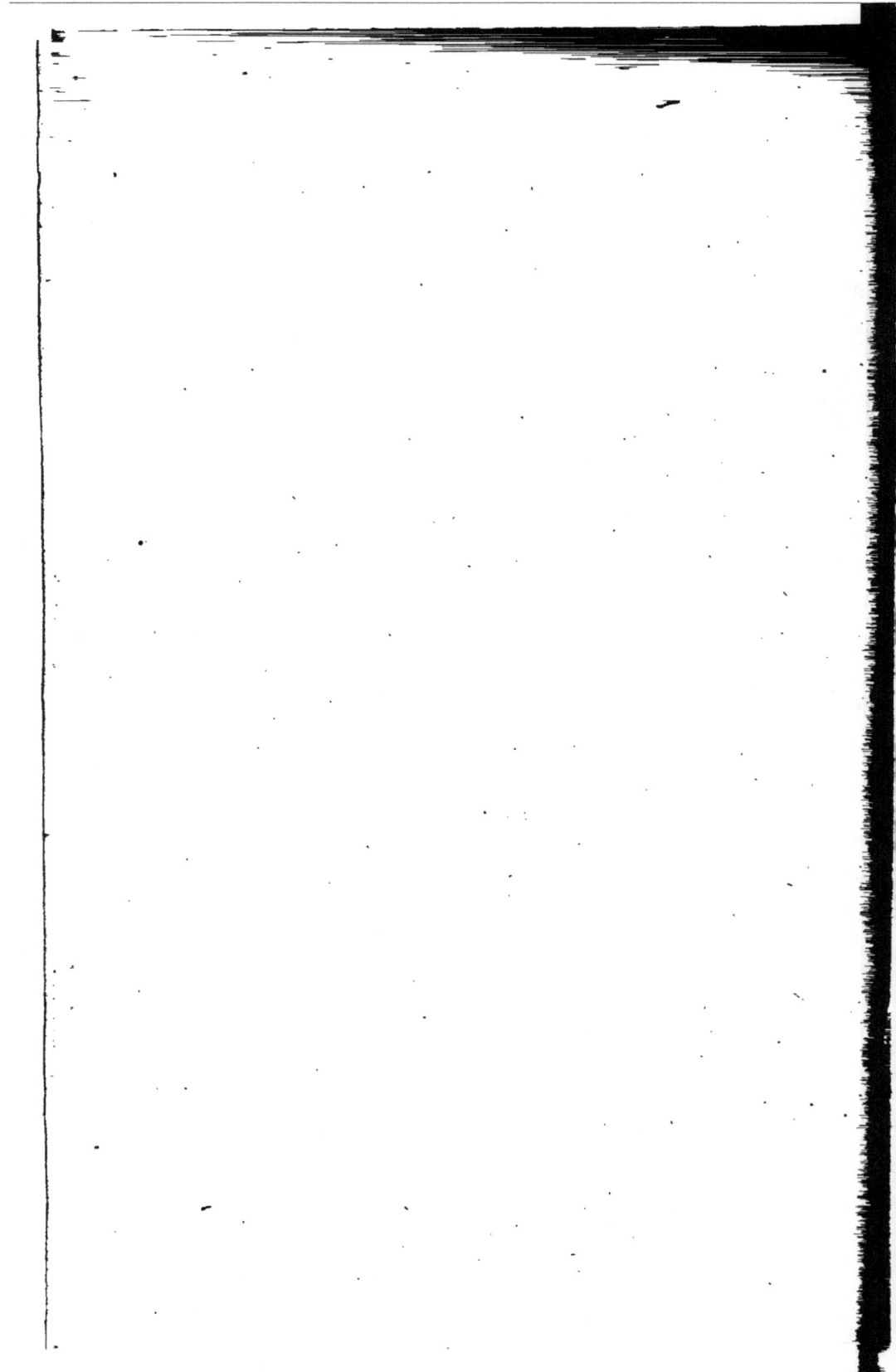

LES GRANDS ÉCRIVAINS FRANÇAIS

STENDHAL

PAR

ÉDOUARD ROD

2 fr.

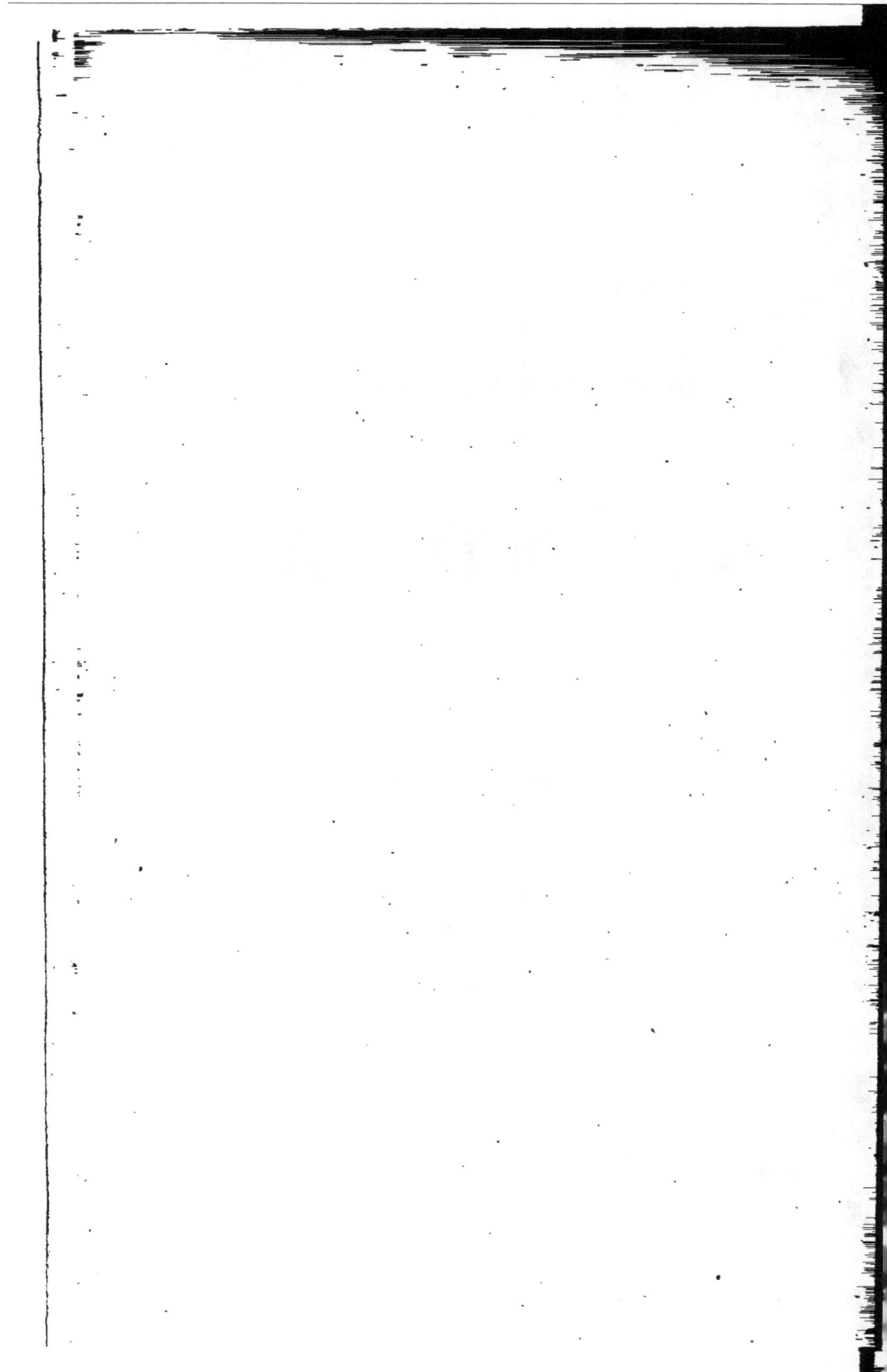

STENDHAL

VOLUMES DE LA COLLECTION DÉJÀ PARUS

DANS L'ORDRE DE LA PUBLICATION

Chaque volume, avec un portrait en héliogravure . . . . . 2 fr.

854-11. — Coulommiers. Imp. PAUL BRODARD. — 16-11.

STENDHAL
(HENRI BEYLE)

LES GRANDS ÉCRIVAINS FRANÇAIS

STENDHAL

PAR

ÉDOUARD ROD

TROISIÈME ÉDITION

PARIS

LIBRAIRIE HACHETTE ET Cⁱᵉ

79, BOULEVARD SAINT-GERMAIN, 79

1911

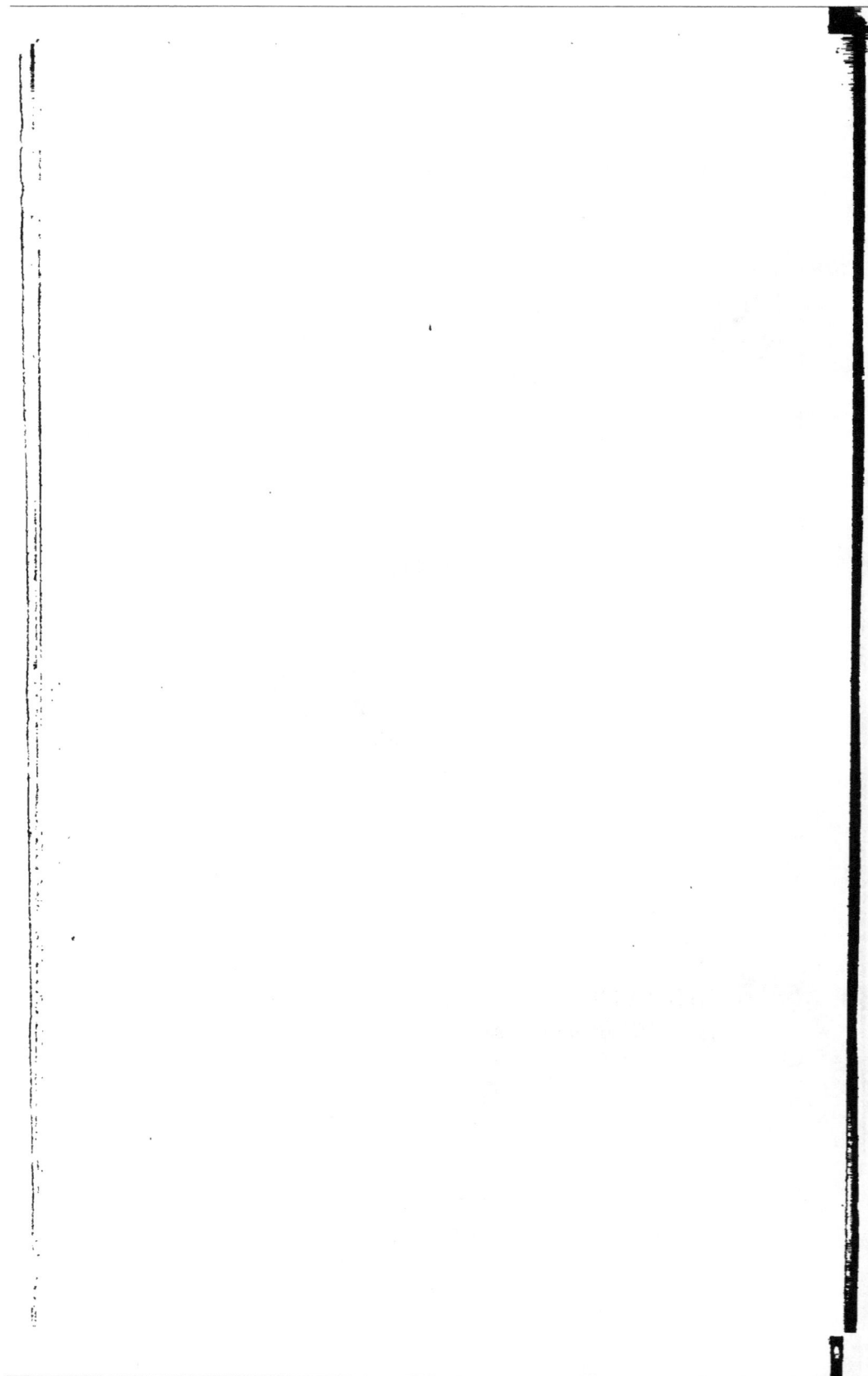

STENDHAL

I

HENRI BEYLE, SA VIE ET SON TEMPS

(1783-1814)

Pour comprendre Stendhal et pour l'apprécier
sans parti pris de dénigrement ni d'admiration, il
ne faut jamais perdre de vue ce trait particulièrement caractéristique de lui-même, qu'il fut un isolé.
Comme homme, il ne craignit pas de se singulariser : « faire comme les autres », « être comme les
autres », ces deux principes qui gouvernent la con-
duite de la foule, n'avaient aucune valeur à ses yeux.
Aussi produisait-il sur ceux qui l'approchaient une
impression d'étonnement plutôt que de sympathie :
en amour, il aima plus qu'il ne fut aimé, ayant d'ailleurs fait de l'amour son principal objectif; il eut de
rares amitiés, qui cependant furent vives et fidèles ;
presque toujours, il fut mal jugé, et passa aux yeux

de beaucoup pour un méchant, un égoïste et un
insensible. Comme écrivain, pareillement, il s'est
fait une place à part, à côté ou en dehors de l'histoire des lettres : en pleine lutte romantique, il
trouva moyen de n'être ni classique ni romantique :
par certaines de ses idées, il relevait du XVIIIᵉ siècle,
qui l'aurait répudié; par d'autres, il appartenait à
son temps, qu'il ne comprit guère et qui le mécon-
nut en partie. Étonné, inquiet peut-être des disparates qu'il observait entre lui et ses contemporains,
il s'en consolait en pensant qu'on le lirait vers 1880.
Il pensait juste, quoique sa vogue ait moins duré
qu'il ne l'espérait. Les isolés, en effet, ont toujours
tort : le véritable rôle de l'écrivain, c'est d'être le
porte-parole de ses contemporains muets : s'il n'a
pas su exciter en eux cette admiration qui, comme
le disait notre auteur lui-même, n'est qu'un « brevet
de ressemblance », il a moins de chance encore de
la rencontrer dans la postérité, pour laquelle il ne
peut être alors qu'un objet de curiosité. Au fond, et
malgré des enthousiasmes momentanés, c'est bien là
la situation actuelle de Stendhal : quelques-uns le
relisent, certains l'admirent, plusieurs l'imitent, —
et cependant, on pourrait presque écrire l'histoire
littéraire du XIXᵉ siècle sans prononcer son nom.
Quand on se rappelle qu'il s'est développé pendant
la royauté de Chateaubriand; qu'il méditait Cabanis
et Destutt de Tracy pendant que Joseph de Maistre
et Bonald rêvaient la restauration de la foi; qu'il
se passionnait pour les ballets de Viganò, la sculp-

ture de Canova, les tragédies de Silvio Pellico
et la musique de Rossini, pendant que Lamartine
écrivait les *Méditations*, que Delacroix peignait la
Barque de Dante, que Victor Hugo lançait ses reten-
tissantes préfaces et que Berlioz allait applaudir
Shakespeare à l'Odéon, l'on comprend à quel point
il fut seul de son espèce intellectuelle, seul de sa race
morale, et que cet isolement a été trop complet pour
n'être pas définitif. Mais, d'autre part, si l'on y
réfléchissait davantage, on trouverait qu'en dernière
analyse c'est peut-être bien cet isolement entêté,
robuste, et non sans grandeur, qui, un demi-siècle
après sa mort, lui a conquis la sympathie ou même
l'admiration rétrospective de quelques esprits passionnés d'originalité : ainsi, ce qui a fait sa faiblesse
ferait aussi sa force; il a souffert — quoiqu'il en fût
fier — d'être une exception, et il en bénéficie; le trait
même qui l'a empêché d'avoir beaucoup de lecteurs
lui en vaut quelques-uns, et de qualité supérieure;
en sorte que, si les manuels d'histoire littéraire ignorent son nom, ce nom pourtant ne paraîtra certainement pas déplacé dans cette collection. — Ce trait
distinctif et tyrannique d'un constant isolement, on
ne s'étonnera pas que nous l'ayons signalé dès maintenant, puisqu'il domine la vie et l'œuvre de notre
auteur, et puisqu'en même temps il explique la nature
de son succès.

Marie-Henri Beyle naquit à Grenoble, le 23 jan-
vier 1783, d'une famille qui appartenait à la magistra-

ture. Les petites villes de province ne sont rien
moins que favorables au développement d'un caractère indépendant. que contiennent sans cesse la
régularité des habitudes, la solidité des préjugés, la
tyrannie des usages et jusqu'à l'étroitesse des liens
de famille ou d'amitié. Beyle eut donc à souffrir de
sa ville natale, par sa faute propre autant que par
celle de ses combourgeois : il la quitta le plus tôt
qu'il put, et n'en conserva qu'un détestable souvenir.
« Tout ce qui est bas et plat dans le genre bourgeois,
disait-il, me rappelle Grenoble, tout ce qui me rappelle Grenoble me fait horreur — *horreur* est trop
noble, *mal au cœur*. Grenoble est pour moi comme
le souvenir d'une abominable indigestion; il n'y a
pas de danger, mais un effroyable dégoût. Tout ce
qui est bas et plat sans compensation, tout ce qui est
ennemi du moindre mouvement généreux, tout ce
qui se réjouit du malheur de qui aime la patrie et est
généreux, voilà Grenoble pour moi. » Malgré cette
robuste antipathie contre son lieu natal, Beyle resta
pourtant un vrai Dauphinois, entier dans ses opinions, clairvoyant, tenace, susceptible. Sa mère,
qu'il perdit à sept ans, était d'origine italienne : c'est
d'elle sans doute que lui vinrent son extrême sensibilité, et cette énergie et ce dilettantisme par lesquels
il rappelle à la fois les condottieri et les humanistes
du xve siècle. Il reporta, d'ailleurs, sur la patrie de sa
mère toute l'affection qu'il refusait à sa province, et
l'Italie fut à ses yeux l'exacte contre-partie de ce
qu'était Grenoble : le pays de l'indépendance, de

la noblesse d'âme, de l'art et des sentiments puissants.

C'est à la mort de sa mère, qu'il adorait, que commence pour Henri Beyle cet isolement qui devait durer toute sa vie. Son père, Joseph-Chérubin Beyle, avocat au parlement du pays, était à ce moment-là un homme de quarante-trois ans, « ridé et laid », « archi-Dauphinois », rusé, renfermé, silencieux, qui n'aimait guère son fils, ou qui du moins ne lui témoignait aucune affection, et que son fils détesta. Un an ou deux après avoir perdu sa femme, il s'éprit de sa belle-sœur, Séraphie Gagnon, « ce diable femelle dont je n'ai jamais su l'âge », qui, quoique assez jolie, était dévote, acariâtre, hypocrite, et qui soumit son neveu au régime d'une autorité à la fois despotique et déraisonnable. Le petit Henri ne pliait qu'avec de terribles révoltes, qui le remplissaient de haine. Il n'avait personne auprès de qui chercher un appui contre cette tante, qui usurpait en ennemi la place vacante de la mère : ses deux sœurs, Pauline et Zénaïde, étaient plus jeunes que lui, et la première seule devait dans la suite lui inspirer quelque amitié; son grand-père, le médecin Gagnon, l'aimait et le comprenait assez bien : mais c'était un homme fort pacifique, passablement égoïste, qui aurait craint de troubler sa tranquillité en se mêlant du ménage de son gendre, où sa fille jouait un rôle mal défini; son oncle, M. Romain Gagnon, était un don Juan de province, qui ne songeait qu'à allonger sans cesse la liste de ses conquêtes : restait sa grand'-

tante, Mlle Élisabeth Gagnon — une excellente
vieille fille, à l'âme romanesque : avec elle, son petit
neveu s'accordait assez bien ; mais elle manquait de
sens pratique, et ne fit guère qu'exalter en lui ce
qu'il appelle plus tard « les sentiments espagnols ».

Entre ces personnes, qui voyaient peu de monde,
Henri Beyle grandit sans joie, replié sur lui-même,
observant avec méfiance ses parents dont il n'attendait qu'humiliations et tristesses, à peine un peu
réconforté, de temps en temps, par une caresse de
son grand-père ou par les rêveries héroïques de
sa grand'tante. Il ignora toutes les impressions fraî-
ches, douces, agréables, qui gravent des traces inef-
façables dans le cœur des enfants heureux. « Autrefois, dit-il, quand j'entendais parler des joies naïves
de l'enfance, des étourderies de cet âge, du bonheur
de la première jeunesse, le seul véritable de la vie,
mon cœur se serrait. Je n'ai rien du tout connu de
tout cela ; et bien plus, cet âge a été pour moi une
époque continue de malheur et de haine et de délires
de vengeance toujours impuissante. » Il attendait
avec impatience l'heure où il sortirait enfin du cercle
de sa famille pour aller à l'école : son imagination,
chauffée par les histoires de Mlle Élisabeth, rêvait
pour ce moment-là de chaleureuses amitiés, des dé-
vouements sans bornes. Hélas ! avec sa grosse tête
ronde, ses membres herculéens, ses timidités d'enfant accoutumé à la solitude, sa méfiance toujours
en éveil, son extrême susceptibilité, il déplut à ses
camarades, dont les railleries le blessèrent et l'éloi-

gnèrent. Il se consola en bûchant ses mathématiques qui, pensait-il, lui fourniraient le prétexte ou l'occasion de quitter enfin Grenoble, et le conduiraient aussi loin que le jeune général Bonaparte, dont la gloire commençait à se répandre et dont il fut un des premiers admirateurs. Car, de sa triste demeure, il suivait depuis longtemps les événements du jour avec une passion contenue. Sa famille était dévote, aristocrate, royaliste : il fut républicain, jacobin, sans-culotte; son père était suspect : il se glissait aux réunions des clubs, il trouvait la Terreur très douce, il éprouva un de ses plus « vifs mouvements de joie » le jour où l'on apprit la mort du Roi; les siens mettaient leur espoir dans les armées étrangères et dans les soldats émigrés : il regardait avec envie passer les beaux régiments de dragons allant en Italie, et les accompagnait de ses vœux. Il vivait ainsi, dans tous les domaines, d'une vie intérieure très active et entièrement solitaire, qui développait les mauvais penchants de son cœur, qui lui faisait, comme il l'a avoué plus tard, haïr tout le monde, sa tante Séraphie plus que tous les autres ensemble, et son père presque autant qu'elle. Qu'on juge de ses sentiments par l'anecdote suivante, dont le souvenir le faisait encore, en 1835, vibrer de rancunes inapaisées et de mauvais orgueil :

« .... J'avais une grive privée qui se tenait ordinairement sur les chaises de la salle à manger. Elle avait perdu un pied à la bataille et marchait en sautant. Elle se défendait contre les chats, chiens, et

tout le monde la protégeait, ce qui était fort obli-
geant pour moi, car elle remplissait le plancher de
taches blanches peu propres. Je nourrissais cette
grive d'une façon peu propre avec des *chaplepans*
noyés dans le *benne* de la cuisine cafards noyés dans
le seau de l'eau sale de la cuisine .

« Sévèrement séparé de tout être de mon âge, ne
vivant qu'avec des vieux, cet enfantillage avait des
charmes pour moi.

« Tout à coup la grive disparut, personne ne
voulut me dire comment. Quelqu'un par inadvertance
l'avait-il écrasée en ouvrant une porte ? Je crus que
mon père l'avait tuée par méchanceté ; il le sut, cette
idée lui fit peine, un jour il m'en parla en termes
fort indirects et fort délicats.

« Je fus sublime, je rougis jusqu'au blanc des
yeux, mais je n'ouvris pas la bouche. Il me pria de
répondre, même silence, mais les yeux que j'avais
fort expressifs à cet âge devaient parler.

« Me voilà vengé, tyran, de l'air doux et paternel
avec lequel tu m'as forcé tant de fois d'aller à cette
détestable promenade des *Granges* au milieu de
champs arrosés avec les *coitures de minuit* poudrette
de la ville.

« Pendant plus d'un mois je fus fier de cette vengeance, j'aime cela chez un enfant. »

Étrange enfant, dont les passions avaient une ténacité qu'elles n'ont pas toujours chez les hommes.
Rien n'apaisait ses intraitables ressentiments :
quand sa tante Séraphie mourut, il se jeta à genoux

« pour remercier Dieu de cette grande déli-
vrance ».

De fait, il fut alors plus libre : il put relire tran-
quillement ses livres de prédilection, *la Nouvelle
Héloïse*, *Gonzalve de Cordoue*, *Estelle*, et quelques
romans moins inoffensifs ; il put fréquenter le théâtre,
où il s'éprit d'une actrice, Mlle Kably, qu'il admirait
dans *Claudine* de Florian, et qu'il aima comme on
aime à seize ans.

C'était, à l'en croire, « une jeune femme mince,
assez grande, avec un nez aquilin, jolie, svelte, bien
faite » ; très jeune, elle avait le charme de la mélancolie, d'autant plus attirant qu'il contrastait avec sa
profession, avec ses rôles. Dans ce premier amour,
qui n'était pourtant qu'un amour de collégien, apparaît déjà toute la future sensibilité de Beyle. Il s'y
livre sans réserves, avec une violence d'impressions
telle, qu'il n'osait guetter la jeune actrice dans la rue,
et que l'unique fois où il la rencontra par hasard, il
faillit se trouver mal. Il n'avait plus aucune autre
idée, aucun autre sentiment : il était *cristallisé*,
comme il devait dire plus tard, après les autres
expériences qui lui servirent à élaborer sa théorie
de l'amour. Cette violente passion absorba jusqu'à
sa haine pour sa tante Séraphie, qu'il en oublia. Il
n'adressa d'ailleurs jamais la parole à sa bien-aimée :
tout ce qu'il put faire, ce fut de s'informer de son
logement et de son genre de vie ; mais il ne put rien
apprendre d'elle. Il se contentait donc d'aller l'écou-
ter, l'admirer, l'applaudir au théâtre, le sang en

tempête, frissonnant quand il l'entendait nommer,
exaspéré quand quelqu'un osait l'appeler *la* Kably.
Cette belle passion eut une fin toute naturelle : la
jeune actrice quitta Grenoble. Beyle, tout meurtri
de ce départ, se consola comme il put auprès de la
sœur d'un de ses amis, Mlle Victorine Bigillion : il
eut pour elle un demi-sentiment, un de ces amours
de cœur convalescent qui ne sont pas tout à fait de
l'amour, mais qui y ressemblent beaucoup. Par
malheur, elle appartenait à une famille de classe
inférieure, et le *snob* inconscient qu'était le jeune
amoureux fut fort désappointé lorsqu'il découvrit
qu'elle n'était point « cet animal terrible, si redouté,
mais si exclusivement adoré, une femme comme il
faut et jolie... ». Du reste, il allait bientôt oublier
sur une plus grande scène Mlle Kably, Mlle Bigillion, et les beautés dauphinoises qu'avaient admirées
ses yeux goulus de dix-sept ans : le moment appro-
chait où il devait enfin réaliser son grand désir :
il quitta Grenoble et partit pour Paris.

Il y arriva le 10 novembre 1799, le lendemain
même du 18 brumaire, muni d'une lettre de recom-
mandation pour la famille Daru, alliée de la sienne,
avec laquelle elle n'était point sans quelque ressemblance. M. Daru le père était un homme minutieux,
exact, sévère, qui intimidait fort son jeune cousin
en l'appelant *monsieur*, et ne songeait qu'à le faire
entrer à l'École polytechnique. Son fils aîné, Pierre,
le futur comte Daru, était alors secrétaire général
du ministère de la guerre, où il travaillait quinze

heures par jour et d'où il rentrait à des heures irré-
gulières, mais toujours de mauvaise humeur; son
second fils, Martial, avait moins de talent et plus de
bonhomie; parmi les autres membres de la famille,
sa fille, Mme Cambon, et sa nièce, Mme Rebuffel, qui
habitait la même maison que lui, prirent un certain
ascendant sur leur jeune parent de province. Mais,
en somme, il ne se trouvait pas beaucoup plus libre,
ni plus heureux à Paris qu'à Grenoble : il avait en
plus le désappointement, l'ennui, la tristesse d'être
seul; et il tomba gravement malade. Quand il guérit,
M. Daru le prit chez lui, pour le placer, quelque
temps après, dans les bureaux du ministère de la
guerre, où, au lieu de travailler à l'exemple de son
cousin Pierre, il se plongea dans des rêveries pleines
de mélancolie. Ce fut sans doute pendant une de ces
rêveries, qui ne rentrent pas dans les attributions du
parfait commis, qu'il lui arriva d'écrire *cela* avec
deux *l*. M. Pierre Daru ne manqua pas de lui en
faire l'observation, non sans vivacité peut-être, et
son cousin en éprouva une humiliation dont le sentiment le poursuivit longtemps.

Heureusement, ce stage au ministère de la guerre
ne se prolongea pas : en 1800, les deux frères Daru,
dont l'aîné était devenu inspecteur aux Revues et le
second sous-inspecteur, durent partir pour l'armée
d'Italie. Ils invitèrent bientôt Henri Beyle à les y
rejoindre. Celui-ci, que son tempérament poussait
à l'action, qui depuis si longtemps enviait les cas-
ques des dragons et admirait le Premier Consul, qui

était patriote ardent et passionnément désireux de
voir des pays nouveaux, partit dans un délire de
joie tel, qu'il en oublia d'analyser ses impressions;
plus tard, il ne se rappelait aucun détail : « Il m'est
impossible, disait-il, de me souvenir de mon départ
pour Dijon et l'armée de réserve, l'excès de la joie a
tout absorbé! » Il emporta quelques volumes dans son
portemanteau, se rendit à Genève où, sans avoir
jamais monté, il prit un cheval que les Daru y avaient
laissé, traversa le Saint-Bernard deux jours après
Bonaparte et essuya le feu, pour la première fois,
sous le fort de Bard. Fait singulier, l'impression très
vive que lui laissa cette première scène de sa vie
militaire devait toujours rester confuse dans sa
mémoire où cependant, d'habitude, les détails se
gravaient facilement. Dans la suite, lorsqu'il voulut
fixer ce souvenir, il ne se rappelait pas même si le
Premier Consul était de la partie. Ce qui lui revenait,
c'était ce mot d'un capitaine auquel il avait demandé :
« Est-ce que nous sommes à portée? — Ne voilà-t-il
pas mon bougre qui a déjà peur? » s'était écrié le
vieux grognard. Comme il y avait là sept ou huit
personnes, le mot fit tout son effet : Beyle s'exposa le
plus qu'il put, étala son courage sans que d'ailleurs
personne le remarquât, et, le soir, se demandait en
toute sincérité : « N'est-ce que ça? » Cette exclamation
déçue devait lui échapper bien souvent au cours de
sa existence pourtant si mouvementée et si remplie :
il y eut toujours, en effet, disproportion entre les
événements et ce qu'il en attendait. Pour cet affamé

d'émotions, la guerre et l'amour — ce qu'il trouva
de mieux — demeurèrent toujours au-dessous de ses
désirs, sans qu'il cessât pour cela de les rechercher
et de les aimer. Pendant la campagne de Russie,
les soirs de bivouac, il se demandait comme devant
le fort de Bard : « N'est-ce que ça ? » Et ce mot fut
toujours comme son mélancolique refrain, comme le
Leitmotiv de ses expériences.

Ce qui ne le déçut pas pourtant, ce fut son arrivée
à Milan : il comprit que c'était là le beau. Toujours
il devait voir Milan avec ses yeux de dix-sept
ans, l'aimer comme sa patrie d'élection, y revenir
lorsqu'il put choisir sa résidence : et l'on ne peut
s'empêcher de croire qu'il l'aima moins pour elle-
même, que parce qu'elle fut le premier lieu où il se
sentit libre, où il vit enfin la vie s'ouvrir devant
lui, la vie telle qu'il la rêvait, avec les deux passions
auxquelles il devait rester fidèle jusqu'au bout : la
guerre et l'amour.

La guerre, il n'en vit alors que des épisodes, mais
dont l'un fut la bataille de Marengo. Après être resté
pendant quelques mois attaché à l'intendance, il
entra en qualité de sergent au 6ᵉ régiment de dragons; nommé sous-lieutenant à Romanego, il fut
choisi pour adjudant par le général Michaud. On
peut se représenter son bonheur en se rappelant
avec quel entrain juvénile il a décrit les plaisirs de la
guerre dans la *Vie de Napoléon* et dans *la Chartreuse
de Parme*. Comme il le dit plus tard, dans une des
notices nécrologiques qu'il écrivit sur lui-même, « ce

fut le plus beau temps de sa vie, il adorait la musique,
la gloire littéraire, et estimait fort l'art de donner un
bon coup de sabre ». Il eut à Milan son premier duel
— son premier duel sérieux, du moins, car il s'était
une fois déjà battu avec un de ses camarades ; et son
premier amour : un amour timide, respectueux, passionné, qui devait recommencer douze ans plus tard,
avec plus de succès et moins de bonheur.

A partir de cette première passion, et jusqu'à la
fin de sa vie, Stendhal fut tout à l'amour. Il aima
sans cesse, non sans constance, mais en se consolant
d'un amour perdu par un autre. Il en avait d'ailleurs
de plusieurs sortes, et parfois en même temps. Il les
observait les uns et les autres avec une singulière
pénétration, et pourtant, le rôle actif que jouait sa
tête ne diminuait en rien la vivacité de ses impressions. Timide à l'excès quand il aimait vraiment, il
ne réussissait pas toujours, ou ne réussissait qu'après
de longs sièges. Il ne s'en plaignait pas : pourvu
qu'il aimât, qu'il eût des émotions, qu'il se sentît
vivre, il se trouvait heureux.

C'est ainsi qu'à son retour à Paris (1801 à 1806),
après un séjour plus ou moins forcé à Grenoble qui
marque encore une étape sentimentale, nous le trouvons bientôt exclusivement occupé des beaux yeux
d'une actrice à ses débuts, Mlle Louason, de son
vrai nom Mélanie Guilbert. A vrai dire, il était arrivé
avec de tout autres intentions, rempli d'ambition,
d'énergie, de belles espérances, passionné de la
gloire et résolu à la chercher dans les lettres. Son

Journal de cette époque abonde en aveux piquants, qui témoignent à la fois d'une robuste confiance en soi-même, d'une volonté tenace, d'une énorme naïveté. A chaque instant, Beyle répète qu'il veut « faire des comédies comme Molière »…. « acquérir la réputation du plus grand poète français, non point par intrigues, comme Voltaire, mais en la méritant véritablement ». Il ajoute gravement : « pour cela, savoir : le grec, le latin, l'italien, l'anglais ». Mais quelque temps après, ayant découvert que Shakespeare ne savait rien, il en conclut qu' « il faut sentir et non savoir », et renonce au grec. Dans le fait, il travaille un peu, quoique sans méthode bien arrêtée : il lit, tantôt Montaigne, Montesquieu, les philosophes du XVIIIe siècle, Cabanis, Destutt de Tracy, tantôt les écrivains de théâtre; il jette sur le papier quelques notes pour un grand ouvrage intitulé *la Philosophie nouvelle*; il prend des leçons de déclamation avec les acteurs de la Comédie-Française; ou bien il rime en mauvais vers une comédie qui s'appela successivement *les Deux Hommes, le Bon Parti, Quelle horreur! l'Ami du despotisme pervertisseur de l'opinion publique, Letellier*. Cette tentative, qui n'aboutit pas, donne une petite idée du talent dramatique de Stendhal, comme aussi de son talent poétique. Qu'on en juge par ce fragment d'un monologue de l'héroïne :

M'aimerait-il encore? Puis-je donc l'espérer,
Quand ce soir à jamais je vais m'en séparer,
Quand l'hymen détesté où sa mère m'entraîne
M'accuse dans son cœur de suivre une autre chaîne?

Cependant pour me voir que de transports charmants!
Que d'amour respirait dans ses empressements!
Peut-être qu'à l'infidélite l'absence a su l'instruire
Et qu'oubliant l'amour il apprit à séduire;
Malheureuse! sans lui l'amour s'égare assez;
Dans quel abime, ô ciel, mes pas sont-ils poussés?...

On le voit, les vers ne sont pas même corrects;
ils sont embarrassés, pénibles, difficiles, flasques,
ils n'annoncent en rien un futur écrivain. Du reste,
l'auteur de *Letellier* doutait souvent de sa vocation
littéraire : il faisait alors, avec un de ses amis
nommé Mante, de vastes projets financiers, qui
devaient en peu d'années lui donner les 20 000 francs
de rente nécessaires à son indépendance.

C'est en prenant ses leçons de déclamation que
Beyle fit la connaissance de Mlle Louason. Il la crut
d'abord de commerce facile; puis il se piqua au jeu,
l'aima tout de bon, et entreprit systématiquement sa
conquête, tout en se grisant d'amour dès qu'il était
auprès d'elle. Seul avec lui-même, il faisait des
plans superbes, dignes d'un parfait Lovelace; il se
répétait les propos qu'il fallait tenir, il calculait les
effets qu'il ne pouvait manquer de produire et la
façon dont il profiterait de ses avantages. Seulement,
les circonstances n'étaient pas propices : manquant
d'argent, il n'avait qu'un habit râpé, et dans un habit
râpé, il se sentait gauche, gêné, timide, il perdait
ses moyens. L'argent arrivait. Il achetait un habit
bronze-cannelle, revêtait sa culotte de soie, mettait une belle cravate, un jabot superbe, et se trouvait parfaitement content de lui-même : sa laideur,

qu'il avouait, lui semblait « effacée » par sa « physionomie » : « Toute mon âme paraissait, elle avait fait oublier le corps, je paraissais un très bel homme, dans le genre de Talma ». Il avait alors de l'esprit, il était, comme doit l'être un amoureux qui veut réussir, « brillant avec prudence et non point avec passion ». Mais au moment où il brillait le plus, arrivait un rival, M. Le Blanc, ou un Allemand nommé Wagner, qu'il soupçonnait tour à tour d'être plus avancés que lui dans les bonnes grâces de sa belle, et il s'éteignait, il devenait ennuyeux, il s'en retournait Gros-Jean comme devant. Malgré ses plans machiavéliques, d'ailleurs, Mélanie le menait où elle voulait. Il ne connaissait rien d'elle. Après des mois de visites presque quotidiennes, il ne savait encore à quoi s'en tenir sur le rôle exact de M. Le Blanc. Quant à Mélanie, tantôt il lui trouvait une « âme d'ange », s'extasiait sur la délicatesse de ses sentiments, jouissait de l'harmonie intime de leurs deux cœurs; tantôt il doutait d'elle, lui prêtait toutes les noirceurs. Dans ces moments-là, le Lovelace artificiel s'évanouissait, et l'on voyait apparaître à la place un bon jeune homme très coquebin, qui épiloguait en ces termes sur ses déconvenues :

« Je suis vraiment un enfant, si elle me joue il n'y a pas de mérite :

A me désespérer, vous trouvez peu de gloire.

« Mais si elle me joue, que veut-elle faire de moi? Elle peut faire mon éducation. Elle m'a dit ce matin

qu'il fallait mettre plus de finesse dans ma manière
de me moquer. Voilà vraiment l'amie.

« Ne serait-ce qu'une *fille* comme tant d'autres?

« Ce matin, elle m'a fait remarquer un beau sonnet.

« Ce qui est sûr, c'est qu'elle a beaucoup d'esprit,
un grand talent dans un art que j'adore et qu'elle me
formera.

« Mais quand je crois qu'elle me trahit, je me
désespère. »

Un beau jour. Mélanie annonça à son adorateur
qu'elle avait un engagement à Marseille et qu'elle
allait partir. Il lui répondit sans hésiter qu'il l'accom-
pagnerait jusqu'à Lyon — et la suivit à Marseille.
Il y fut très heureux : son père lui ayant coupé les
vivres, il se fit commis dans une maison de denrées
coloniales. Ce n'étaient là que de petites misères :
son grand amour l'occupait exclusivement, et les
embarras d'argent ne l'inquiétaient guère. Mais, au
bout de quelques mois, Mélanie épousa un Russe,
et Beyle reprit le chemin de Paris.

Il y retrouva la protection des Daru, qui s'intéressaient toujours à lui, par esprit de famille plutôt que
par sympathie personnelle, car ces « gens positifs »,
qu'il n'aimait guère, ne pouvaient approuver ses
capricieuses allures. Leur protection le fit entrer
dans l'intendance de l'armée, au moment où Napoléon allait entreprendre la campagne de Prusse. Il
y resta jusqu'après la retraite de Russie. A part les
intervalles de paix pendant lesquels il fut nommé
auditeur au conseil d'État et inspecteur général

du mobilier de la couronne, il fit aussi quelques
voyages; ce fut la période héroïque de sa vie (1806-
1814), et l'une de celles où il put le plus librement
développer sa personnalité. Son naturel besoin d'action était satisfait, et les occasions d'aimer ne lui
manquèrent pas. Comme intendant militaire, il fit
preuve à plus d'une reprise de qualités d'énergie et
de sang-froid qui lui valurent d'être remarqué par
l'Empereur. Ainsi, en 1807, remplissant ses fonctions dans le Brunswick, il fut chargé de lever une
contribution de cinq millions. Il prit sur lui de porter
ce chiffre à sept. C'était du « feu sacré », cela plut
fort à Napoléon. Une fois, en 1809, il était resté
en arrière de l'armée avec un convoi de blessés et
de vivres, dans une petite ville dont la population se
révolta et voulut piller les magasins : ce fut Beyle
qui organisa la défense et sauva le convoi. Pendant
la retraite de Russie, il réussit à procurer à l'armée,
entre Orcha et Borizov, les seuls vivres à peu près
réguliers qu'elle ait eus. Avec son énergie et son
sang-froid vraiment exceptionnels, il fut parmi les
rares officiers qui résistèrent à la démoralisation
générale. Dans les plus mauvais jours, le comte
Daru le voyait arriver vêtu avec son habituelle distinction et rasé de frais, comme s'il sortait de chez
lui. C'était, de sa part, bravoure naturelle, énergie
instinctive, amour de la lutte et du péril. « M. Beyle,
dit-il négligemment dans un des articles nécrologiques qu'il écrivit sur lui-même, ne crut jamais dans
cette retraite qu'il y eût de quoi pleurer. » Quand par

hasard un livre lui tombait sous la main, une heure
de lecture lui faisait oublier toutes ses misères; et
en arrivant à Dresde, sa première pensée fut de courir
à l'Opéra, pour entendre le *Matrimonio segreto*.

Il serait curieux de suivre ce singulier intendant
à travers l'épopée à laquelle il se trouvait mêlé, et
qu'avec son étonnante faculté de dédoublement il
observait et vivait à la fois. Malheureusement, les
cahiers de son *Journal* de Brunswick (1806-1808) et
ceux de la campagne de Russie ont été perdus, et la
Correspondance ne fait qu'une petite place à cette
époque. Les quelques lettres que nous en possédons, datées de Smolensk, de Moscou, de Mayence,
de Bautzen, révèlent un état d'esprit assez inattendu.
Tout en remplissant correctement et bravement ses
devoirs, Beyle n'est pas heureux : le croira-t-on? il
s'ennuie. Il regrette sa chère Italie. Les spectacles
épiques qu'il a sous les yeux le lassent ou le dégoû-
tent. « Comme l'homme change! écrit-il de Smolensk,
le 24 août 1812. Cette soif de voir que j'avais autrefois
s'est tout à fait éteinte; depuis que j'ai vu Milan et
l'Italie, tout ce que je vois me rebute par la grossiè-
reté. Croirais-tu que, sans rien qui me touche plus
qu'un autre, sans rien de personnel, je suis quelquefois sur le point de verser des larmes? Dans cet
océan de barbarie, pas un son qui réponde à mon
âme! Tout est grossier, sale, puant, au physique et au
moral. Je n'ai eu un peu de plaisir qu'en me faisant
faire de la musique sur un petit piano discord, par
un être qui sent la musique comme moi la messe.

L'ambition ne fait plus rien sur moi : le plus beau
cordon ne me semblerait pas un dédommagement de
la boue où je suis enfoncé.... » Un instant, l'incendie
de Moscou le secoue de sa torpeur : c'est « le plus bel
incendie du monde », un « spectacle imposant », plus
original à coup sûr que *l'opera buffa* ; seulement, il
est gâté par la compagnie : « Il aurait fallu être
seul ou entouré de gens d'esprit pour en jouir. Ce
qui a gâté pour moi la campagne de Russie, c'est
de l'avoir faite avec des gens qui auraient rapetissé
le Colisée et la mer de Naples. » Et ailleurs : « Les
intérieurs d'âmes que j'ai vus dans la retraite de
Moscou m'ont à jamais dégoûté des observations que
je puis faire sur les êtres grossiers, sur ces manches
à sabre qui composent une armée. » — Nous sommes
loin de l'enthousiasme juvénile avec lequel le protégé
des Daru traversait autrefois le Saint-Bernard ; et
pourtant, il les regrettera plus tard, ces impressions
de guerre qu'il détruit en les analysant, la compagnie de ces soudards, de ces « manches à sabre »
dont il méconnaît la grandeur, tout ce mouvement,
toute cette vie à laquelle le péril toujours présent
donne plus de charme et plus d'intensité : il se dira,
comme la plupart des hommes de sa génération, que
la guerre était sa vraie carrière ; et il subira, avec
tant d'autres, le contre-coup de la banqueroute de
Napoléon, qui le laissa sans carrière, sans fortune
et sans position.

En 1813, nous retrouvons encore Beyle au quar-
tier général de l'Empereur, puis en Silésie, où il

est chef de l'intendance. Mais les fatigues de la
retraite de Russie avaient ruiné sa santé ; et il fut
obligé de prendre un congé et de se retirer sur les
bords du lac de Côme, où lui souriait un nouvel
amour. Là, à Milan, à Paris, partout où il se trouva
pendant les deux plus tragiques années de l'histoire
du siècle, il vécut, si l'on en juge par son *Journal*,
dans la complète insouciance des événements qui
bouleversaient l'Europe et ruinaient sa carrière.
Son Empereur, qu'il avait tant admiré, auquel il
devait même conserver une fidélité relative, perdait son trône ; les alliés envahissaient sa patrie ; la
France se débattait sous l'invasion, — il ne songeait qu'à son amour. Le 26 septembre 1813, peu de
jours avant les coups décisifs de la campagne d'Alle-
magne, il se demandait avec angoisse : « Pourquoi ne
m'a-t-elle pas écrit de mercredi à samedi ? A-t-elle
un autre amant ? Je partirai sur-le-champ pour
Venise. J'aurai le plaisir de me venger, qu'elle
m'aime ou qu'elle ne m'aime pas. Mais dans les
deux cas, je diminue sa confiance, *etrangeo passageo*
naturellement si suspect. Je tue son amant, si elle
en a ; dans le cas contraire, je me prive au moins
d'une illusion charmante. » Le mois suivant, qui est
celui de la bataille de Leipzig, le *Journal* ne relate
rien autre que les signaux convenus entre l'amant
et la maîtresse, et le seul incident qu'il mentionne,
c'est une représentation du ballet de *Prométhée* à
laquelle ils assistent ensemble.

Il est presque superflu de dire que, dans la dis-

position d'esprit où il se trouvait, Beyle ne se fit
point d'illusion sur les Cent-Jours; après la seconde défaite de Napoléon, décidé à rester éloigné
des affaires, irréconciliablement hostile à la Restauration, qui représentait pour lui le triomphe de
tout ce qu'il haïssait, des « jésuites », des « bourgeois », il refusa la direction de l'approvision-
nement de Paris que lui offrit M. Beugnot; fort
pauvre, mais sans se laisser abattre par ses difficultés d'argent et bien décidé à jouir de la vie envers
et contre tout, il se fixa dans cette ville de Milan
dont il avait conservé un si grand souvenir et qui
représentait pour lui l'endroit le plus heureux de la
terre.

II

DE 1814 A 1842

Nous avons peine à nous représenter aujourd'hui l'état d'esprit des jeunes gens que la chute de Napoléon laissa sans carrière et sans avenir. Les prodigieux succès de l'Empire, dont la solidité était pour eux comme un article de foi, tenaient leurs ambitions éveillées et tendues. A chaque bataille, les boulets creusaient dans les états-majors quelque vide qu'il fallait combler : les plus hauts grades semblaient donc à portée de tous les courages. On mourait jeune, c'est vrai, comme tant de ces illustres maréchaux que l'Empereur avait vus tomber autour de lui, comme Kléber, comme Lannes, comme Desaix ; mais on vivait vite, et si l'on disparaissait avant l'âge, c'était dans un rayonnement de gloire, de titres, de dotations, en laissant après soi sa page d'histoire, accompagné par les drapeaux qu'on avait lancés à la victoire, salué par la grande voix du canon dont on avait tant de fois commandé l'harmonie. En nulle époque, on n'eut moins de peine à mourir; mais en aucune aussi, l'on ne tint davantage à remplir sa courte vie de puissantes émotions, de succès grandioses. « Courte et bonne », cette devise des Philistins athées, n'aurait alors pas eu de sens. On l'acceptait « courte », oui — mais pour l'avoir violente, ardente, enfiévrée, riche de sensations multipliées et ascendant par bonds rapides jusqu'au faîte, aux pieds de l'Empereur. Et voici qu'à travers les péripéties de la campagne de France, de la capitulation de Paris, des Cent-Jours et de Waterloo, cette féerie se dissipa soudain : on eut devant soi le long chemin de l'existence régulière, de durée normale, que termine à son heure la mort naturelle; une plate avenue, où l'on ne rencontre ni dangers ni gloire, mais seulement de la fatigue et du bien-être; une route sans contours, dont on ne prévoit pas la fin, qui ne conduit nulle part. Les discours des orateurs *ultras* ou libéraux remplaçant les fanfares, comment ces jeunes hommes, grisés dès l'enfance par Bonaparte, nourris de bulletins de victoires, dominés par l'exclusive passion de la gloire militaire, auraient-ils compris que les Richelieu, les Chateaubriand, les Constant, les Bonald, les Decazes, ces avocats, ces parleurs, ces faiseurs de lois, avaient devant eux une tâche difficile et très grande, et que leurs noms compteraient autant dans la postérité que ceux des Ney, des Masséna, des Berthier, des Caulaincourt? Aussi beaucoup d'entre

eux n'essayaient-ils même pas de concevoir une nouvelle forme d'existence, une vie civile et pourtant
riche et glorieuse : ils restaient dans l'armée, s'ils
le pouvaient, ou y entraient par routine. « La guerre,
dit l'un d'entre eux, nous semblait si bien l'état
naturel de notre pays, que lorsque, échappant des
classes, nous nous jetâmes dans l'armée, selon le
cours accoutumé de notre torrent, nous ne pûmes
croire au calme durable de la paix. Il nous parut que
nous ne risquions rien en faisant semblant de nous
reposer, et que l'immobilité n'était pas un mal sérieux
en France. Cette impression nous dura autant qu'a
duré la Restauration. Chaque année apportait l'espoir
d'une guerre, et nous n'osions quitter l'épée, dans
la crainte que le jour de la démission ne devînt la
veille d'une campagne. Nous traînâmes et perdîmes
ainsi des années précieuses, rêvant le champ de
bataille dans le Champ de Mars, et épuisant sous
des exercices de parade et dans des querelles particulières une puissante et inutile énergie. » (A. de
Vigny, *Servitude et Grandeur militaires*.

La plupart, comme l'auteur que nous venons de
citer, prirent au tragique cette déception de leurs
rêves d'enfant : ils ployèrent sous l'ennui, ils se lais-
sèrent envahir par la mélancolie. Quelques-uns se
firent royalistes ultras, en attendant de devenir répu-
blicains, comme si l'utopie d'un retour à une féoda-
lité romanesque et à une foi violente pouvait leur
remplacer leurs ambitions militaires ; d'autres regardèrent longtemps encore avec une sourde espérance

vers l'île lointaine où le grand captif attendait la
mort; d'autres encore se passionnèrent pour les
luttes de l'Orient, où la Grèce s'éveillait, sans
trouver toutefois, dans leurs âmes que l'ennui avait
déjà comme détendues, la force d'aller mourir,
comme Byron, aux côtés des Canaris et des Mavro-
cordato. Beaucoup firent comme Napoléon lui-même :
ne pouvant plus agir, ils écrivirent; et leur littérature, avec ses violences de forme et de fond, avec
ses mélancolies et ses grands élans de passion, avec
ses évocations lointaines, ses recherches romanesques, ses cris tumultueux, sa sève, son abondance,
son spleen et ses caprices, leur littérature fut la
puissante expression de leur activité dévoyée, de
leurs ambitions détournées, de leur irrésignée immobilité.

Stendhal, plus âgé que la plupart des jeunes gens
qui devaient s'illustrer dans les lettres, plus ambitieux de sensations que de succès, et qui d'ailleurs
avait vu d'assez près la gloire impériale pour la
désirer moins ardemment que ses cadets, Stendhal
ne fut point entraîné par ce mouvement. Il ne
songea pas un instant à rester au service de la
Restauration, ni même en France : il aimait l'Italie,
rien ne l'empêchait de s'y établir. Il s'y établit, et
sans regrets, sans tristesse, en homme parfaitement
satisfait du sort qui l'attend. Il voulut écrire, n'ayant
plus rien de mieux à faire, et s'y mit d'autant plus
volontiers qu'il ne faisait que revenir à d'anciens
projets; mais, à l'inverse de ses contemporains, il

n'avait pas de sentiments violents à exprimer ; il se
contenta donc de parler des choses qu'il voyait, qui
l'intéressaient ou le passionnaient, en observateur et
en dilettante.

À ce moment, en effet, l'homme d'action que nous
avons vu à l'œuvre pendant les campagnes de Napoléon se résigne sans trop de peine à ne plus agir, et
fait place au dilettante — à un dilettante toujours
heureux pourvu que l'amour, la musique, les exercices et les voyages l'empêchent de subir l'ennui qui
le guette. De 1814 à 1821, sauf un voyage de quelques mois en 1817, il reste à Milan, où il vit agréa-
blement en étranger et en cosmopolite. Il passe des
soirées délicieuses au théâtre de la Scala, à se
régaler de ses spectacles préférés : avec une satisfaction qui ne change jamais, il va d'un opéra de
Rossini à un ballet de Viganò, sans trop savoir
lequel il préfère de ces deux grands hommes. Il ne
se lasse pas d'eux, et quand il n'écoute pas leurs airs
divins au théâtre, c'est qu'il les entend, en savourant
des glaces exquises, chez la fille même de Viganò, la
belle Elena, la sœur « d'*Otello*, de *Myrrha*, de *Prométhée*, et autres chefs-d'œuvre que j'adore », qui
chante à ravir, sans jamais se fatiguer ni se faire
prier. Il fréquente aussi la belle société milanaise
et rencontre quelques Italiens pour lesquels il se
passionne : Monti, Manzoni, Rasori, Silvio Pellico.
On ne saurait dire si ce sont les patriotes ou les écrivains qu'il admire le plus en eux : le fait est qu'il les
exalte sans réserve, et que sa manie italienne devient

de plus en plus exclusive : « La France n'a pas
quatre hommes à opposer à Canova, Viganò, Monti et
Rossini », écrit-il, dans son enthousiasme, à un de
ses amis de Paris. Il s'agit, notons-le, de la France
de 1819, celle de Chateaubriand, de Lamennais, de
Bonald, de Mme de Staël, de David et de Gros, celle
qui allait produire des musiciens comme Berlioz,
des peintres comme Géricault, Ingres et Delacroix,
à côté de sa pléiade de poètes, dont quelques-uns,
Alfred de Vigny, Victor Hugo, avaient déjà débuté.
Mais, en fait de poésie, il semble que Beyle n'ait
jamais été au delà de Béranger. De plus, il avait déjà
un préjugé antinational qui le rendait aussi sévère
pour ses compatriotes qu'il était facilement enthou-
siaste des étrangers : il ne sait voir en Chateaubriand qu'un forcené, grandiloquent, sonore et
vide, et il professe pour Byron une admiration telle,
qu'en sa présence il est troublé comme un enfant ;
il refuse toute espèce de mérite à Mme de Staël, et
ne tarit pas d'éloges sur la profondeur et l'originalité
de W. Schlegel. A force de redouter le préjugé, il y
tombe sans cesse, et ses opinions semblent gou-
vernées par des partis pris aussi violents que ceux
qu'il condamne, bien qu'en sens inverse.

La vie sentimentale de Beyle pendant cette période
paraît avoir été absorbée par deux passions principales, autant du moins qu'on en peut juger à travers les changements de noms et d'initiales auxquels
il recourt sans cesse. En 1811, il avait retrouvé
a Milan Mme Angelina P., qu'il avait aimée onze

ans auparavant, avec toute l'extase et toute la timidité
de sa jeunesse, et sans qu'elle s'en doutât. Il était
fort ému en se rendant chez elle, et bien décidé à
ressusciter son amour d'autrefois. On le fit attendre
un quart d'heure, ce qui lui donna le temps de se
remettre et de préparer son attaque, selon les procédés de sa diplomatie habituelle ; puis elle apparut :

« J'ai vu, raconte-t-il dans son *Journal*, une
grande et superbe femme. Elle a toujours le grandiose
qui est formé par la façon dont ses yeux, son front
et son nez sont placés. J'ai trouvé plus d'esprit, plus
de majesté et moins de cette grâce pleine de volupté.
De mon temps, elle n'était majestueuse que par la
force de la beauté, aujourd'hui, elle l'était aussi par
la force de ses traits. Elle ne m'a pas reconnu ; cela
m'a fait plaisir ; je me suis remis en lui disant que
j'étais B., l'ami de Joi. « C'est le Chinois, *quello è*
« *il Chinese* », a-t-elle dit à son père qui était là.

« Ma grande passion ne m'avait point du tout
rendu ridicule ; il s'est trouvé qu'elle ne se souve-
nait de moi que comme d'un être très gai.

« J'ai plaisanté sur mon amour.

« Pourquoi ne me l'avez-vous pas dit alors ? » m'a-
t-elle dit par deux fois. J'ai plaisanté sur le balcon,
de chez son père où je lui dis, je crois, que j'espérais être bientôt un cadavre dans la plaine de Man-
toue. On sent bien que je ne lui ai pas rappelé cette
manière gracieuse de faire l'amour. Il y avait un peu
d'embarras entre nous, pendant lequel je voyais agir
un esprit supérieur aux embarras de ce genre.

Après dix ans, c'est une nouvelle connaissance à faire. »

La connaissance fut bientôt faite : malgré sa beauté de Junon, Angelina n'était point cruelle. C'est sans doute à sa liaison avec elle que Beyle fait allusion dans une lettre de 1819, adressée à celle qui lui succéda, « la noble et sublime Métilde », à laquelle il dit, en simplifiant les faits : « Je n'ai eu que trois passions en ma vie : l'ambition, de 1800 à 1811, *l'amour pour une femme qui m'a trompé, de 1811 à 1818*, et, depuis un an, cette passion qui me domine et qui augmente sans cesse ». Angelina et Métilde ne lui donnèrent qu'un bonheur incomplet, gâté par trop de jalousie. Il souffrait beaucoup, sans doute, lorsqu'il écrivait au bas du brouillon d'une lettre pour Métilde cette phrase insolente et douloureuse : « Les femmes honnêtes aussi coquines que les coquines ». Et ce furent elles qui lui inspirèrent son traité *De l'amour*.

Beyle était tout absorbé par l'amour, les ballets de Viganò, la musique de Rossini et le ciel d'Italie. Il se décida cependant à débuter dans la littérature : en 1814, il publia son premier ouvrage, sous le titre de : *Lettres écrites de Vienne en Autriche sur Haydn, suivies d'une vie de Mozart, et de considérations sur Métastase et l'état présent de la musique en Italie, par Alexandre-César Bombet*. C'est un livre peu original, imité des *Haydine* de Carpani. Les inexactitudes d'appréciations y fourmillent : ainsi, l'aimable abonné de la Scala prend le finale des *Noces de Figaro*

pour « le plus beau chant d'église qu'il soit possible
d'entendre », exécute Rameau en une phrase méprisante, et ne cite pour ainsi dire pas une date qui soit
juste. Trois ans plus tard 1817 , il publiait presque
en même temps son *Rome, Naples et Florence* et son
Histoire de la peinture en Italie. Le premier de ces
deux ouvrages est un simple récit de voyages, où
l'on trouve pêle-mêle des descriptions de tableaux ou
de représentations théâtrales, des détails de mœurs
et des anecdotes historiques, avec des aperçus souvent ingénieux, souvent paradoxaux. On y lit entre
les lignes un continuel parallèle entre la France
et l'Italie, tout au profit de celle-ci : « *Avec quelle
amertume*, écrira par exemple le touriste ravi de tout
ce qu'il voit, *je me suis repenti d'avoir adressé la
parole à M. Mal.... J'avouerai, dût l'honneur national
me répudier, qu'un Français, en Italie, trouve le
secret d'anéantir mon bonheur en un instant. Je suis
dans le ciel, savourant avec délices les illusions les
plus douces et les plus folles ; il me tire par la
manche pour me faire apercevoir qu'il tombe une
pluie froide, qu'il est minuit passé, que nous courons le risque de nous égarer, de ne plus retrouver
notre auberge et peut-être d'être volés. Voilà ce qui
m'est arrivé ce soir; l'abord du compatriote est
mortel pour moi.* » L'*Histoire de la peinture en Italie*,
qui ne fut jamais achevée, le premier volume n'ayant
eu aucun succès, présente cependant plus d'intérêt,
quoiqu'elle soit écrite sans beaucoup de méthode :
Beyle connaissait mieux la Renaissance italienne

qu'on ne la connaissait alors : il la comprenait surtout fort bien, parce qu'il l'aimait : aussi peut-on
lire encore aujourd'hui. et non sans profit. quelques-
uns des chapitres qu'il consacre à Léonard de Vinci
et à Michel-Ange. Mais le morceau le plus remarquable de l'ouvrage en est certainement la dédicace
« à Sa Majesté Napoléon le Grand », dans laquelle
l'auteur affirmait, avec autant de courage que d'indépendance, ses sentiments pour le prisonnier de
Sainte-Hélène. Cette préface est assurément un des
morceaux qui font le plus d'honneur au caractère
de Stendhal, un de ceux aussi dont la forme est la
plus originale et la plus frappante. Les petites
phrases courtes et condensées atteignent à l'éloquence : une éloquence bizarre, qui ne ressemble
à aucune autre, celle d'un orateur d'affaires qu'em-
porte tout à coup un grand sentiment, et qui en-
ferme dans les formules d'une sécheresse voulue
les élans de son lyrisme intérieur :

« Sire,

« Je ne puis dédier plus convenablement l'*Histoire de la peinture*, écrite en langue française,
qu'au grand homme qui avait donné à la patrie ce
beau musée qui n'a pu exister dès qu'il n'a plus été
soutenu par sa main puissante. L'avoir tout entier
n'était peut-être pas nécessaire, le perdre ainsi est
le comble de l'avilissement. Et comme, dans mon
système, avec des cœurs avilis on peut bien faire
des érudits, mais non des artistes, il est à craindre

que la France n'ait perdu, avec le plus grand homme
qu'elle ait jamais produit, son école naissante.

« Dans des circonstances plus heureuses pour la
patrie et pour vous, Sire, je ne vous aurais point
fait de dédicace : votre gloire corrigeait tout; mais
je trouvais détestable votre système d'éducation.
Aussi, au jour du danger, vous n'avez plus trouvé
que des âmes faibles parmi vos favoris, et les Carnot,
les Thibaudeau, les Flaugergues, sont sortis des
rangs de ceux que vous n'aimiez pas.

« Malgré cette faute, qui a été plus nuisible à
vous qu'à la patrie, l'équitable postérité pleurera la
bataille de Waterloo, comme ayant reculé d'un siècle
les idées libérales. Elle verra que l'action de créer
exige de la force, et que sans les Romulus, les
Numa ne pourraient exister. Vous avez étouffé les
partis pendant quatorze ans, vous avez forcé le
chouan et le *jacobin* à être Français, et ce nom,
Sire, vous l'avez porté si haut, que tôt ou tard ils
s'embrasseront au pied de vos trophées. Ce bienfait, le plus grand que la nation pût en recevoir,
assure à la France une immanquable liberté.

« Puisse le ciel, Sire, vous accorder des jours
assez longs pour voir la France heureuse par la
constitution que la dernière de vos Chambres des
communes lui a léguée. Alors, Sire, elle vous par-
donnera le seul acte de faiblesse qu'elle ait à vous
reprocher : de n'avoir pas saisi la dictature après
Waterloo, et d'avoir désespéré du salut de la patrie.

« Alors la postérité, redevenue impartiale, hési-

tera seulement si elle doit placer votre nom à
côté ou au-dessus de celui d'Alexandre, et vos plats
ennemis ne seront connus que par le bonheur qu'ils
auront eu d'être vos ennemis.

« Je suis avec le plus profond respect,

« Sire,

de Votre Majesté Impériale et Royale,

le très humble et très obéissant serviteur,

et S. sujet par mes vœux,

le soldat que vous prîtes à la
boutonnière à Goerlitz. »

Dans cette dédicace adressée par delà les mers
au grand vaincu qu'on ne désignait plus que par
des injures, il y avait certes de quoi attirer sur
l'auteur l'attention du public et les colères de la
presse officielle. Pourtant, l'*Histoire de la peinture*,
comme les deux ouvrages qui l'avaient précédée,
ne fut remarquée que par un petit nombre d'esprits
distingués.

Le moment arrivait cependant où Beyle allait se
trouver aux prises avec les difficultés pratiques qu'il
abhorrait le plus. En 1821, il perdit son père. Ce fut
un médiocre chagrin : « Pendant le premier mois
qui suivit cette nouvelle, écrit-il plus tard, j'ai
cherché en vain à m'en affliger. Le lecteur me trouvera mauvais fils, il aura raison. » Mais cette mort,
qui l'affligeait si peu, le laissait fort pauvre : il avait
compté se trouver à la tête de 10 000 francs de
rente, et il s'aperçut que son père s'était ruiné; il

ne lui restait qu'un capital insignifiant, qui augmen-
terait à peine la modeste aisance qu'il tenait de sa
mère. Cette déception ne le troubla guère : « Dès
lors, dit-il dans sa première notice nécrologique avec
une résignation pleine de philosophie, M. Beyle
chercha à diminuer ses besoins et y réussit ». Il
était trop heureux, trop exubérant, trop amoureux,
trop « fou » — fou de l'Italie, de sa peinture, de sa
musique, fou de Métilde, fou de Viganò, de Canova,
de Rossini, — pour laisser la question d'argent com-
promettre le bel équilibre de sa vie, qui cependant
allait se rompre : ses relations avec quelques patriotes italiens, en effet, l'avaient rendu suspect à la
police autrichienne; il fut expulsé de Milan. Désespéré, il quitta la ville qu'il aimait et sa Métilde,
pour Paris qu'il détestait et où il ne connaissait
presque personne. Il devait y rester à demeure,
sauf quelques voyages en Angleterre et en Italie
(entre autres celui d'où devaient sortir les *Promenades dans Rome*), jusqu'après la révolution de
Juillet.

Les premiers temps, Beyle fut très malheureux :
il s'ennuya horriblement, jusqu'au désespoir, jusqu'à
songer au suicide, jusqu'à fixer même la date à
laquelle il comptait en finir, goûtant à peine une
faible distraction à rédiger les notes au crayon qu'il
avait prises à Milan sur l'Amour, au moment, je
pense, où il souffrait de la trahison d'Angelina. Puis
il trouva quelques amis, il aima de nouveau
Mme C...., il se jeta dans la querelle des roman-

tiques, bref, il arrangea du mieux qu'il put sa nouvelle existence. Il avait une grande admiration pour
Destutt de Tracy : il rencontra chez lui quelques
hommes qui lui plurent, soit par leur caractère
comme La Fayette, soit par leur esprit comme Ben-
jamin Constant, soit peut-être par certains souvenirs
communs comme le comte de Ségur. Il recherchait,
de préférence, ceux qui, comme lui, avaient traversé
la Révolution et l'Empire, ceux qui avaient connu,
comme lui, « l'enthousiasme pour les vertus républicaines et le mépris excessif et allant jusqu'à la
haine pour les façons d'agir des rois », ceux dont
Napoléon fut « un moment la seule religion », et qui
lui conservaient un culte secret dans ces années où
les journaux ne l'appelaient plus que M. Buonaparte,
l'Ogre de Corse ou l'Usurpateur. Malgré les lances
qu'il rompit en faveur du romantisme, la génération
nouvelle lui inspirait peu de sympathie : il n'admirait guère que Béranger et Lamartine ; il n'eut guère
un peu d'amitié que pour Mérimée et Jacquemont.
Ajoutez, pour mieux comprendre son isolement,
que, le triomphe des *ultras* l'exaspérant, il se faisait
l'idée la plus noire de la situation de la France et de
son avenir. Une lettre qu'il écrivit en 1827, dans
laquelle il donne à un de ses amis ce qu'il appelle le
résumé de la situation politique, caractérise à mer-
veille son état d'esprit pendant la Restauration :

« .... Un roi incapable de lier ensemble deux idées,
vieux libertin usé par une jeunesse très orageuse,
non exempte de lâchetés et même de friponneries,

adorant les principes *ultras*, ayant le mépris le plus
sincère pour tout ce qui n'est pas noblesse de cour,
mais que la peur force à courtiser bassement le
peuple, ne pensant pas, parce que les organes sont
usés, les trois quarts de la journée, et alors assez
bonhomme, n'ayant surtout rien de l'hypocrisie de
son frère. Tant qu'il aura peur, Charles X conser-
vera les apparences de la justice et une sorte de
fidélité à la Charte. Par faiblesse il ne fera rien sans
consulter son fils.

« Un dauphin sans éducation, d'une incroyable
ignorance, mais fort honnête homme, même *honnête
homme jusqu'à l'héroïsme*, si l'on considère que,
jusqu'à trente-six ans, il a vécu dans sa petite cour
composée des hommes les plus bêtes de l'Europe,
et dont l'unique occupation était de calomnier le
peuple français et la Révolution.... Son administra-
tion, si jamais il règne, sera dans la couleur qu'on
appelle, à Paris, *centre droit*....

« .... Le duc d'Orléans, homme fin, rusé, assez
avare, possède un grand fonds de raison; son admi-
nistration comme régent, pendant la minorité du duc
de Bordeaux, serait *centre gauche*. Il a de l'éloignement pour le parti *ultra* du faubourg Saint-Germain,
qui, encore aujourd'hui, l'appelle jacobin. Son esprit
a toute la tournure d'un pair anglais *whig* très
modéré. Il aime la noblesse et a de l'éloignement
pour le tiers état. Il a du goût pour le système de la
bascule entre les deux partis, entre les *blancs* et les
bleus.

« Tout ce qui a le temps de penser en France, tout ce qui a 4 000 francs de rente en province, et 6 000 francs à Paris, est *centre gauche*. On veut l'exécution de la Charte sans secousse, une marche lente et prudente vers le bien ; que surtout le gouvernement se mêle le moins possible du commerce, de l'industrie, de l'agriculture ; qu'il se borne à faire administrer la justice et à faire arrêter les voleurs par ses gendarmes. L'immense majorité des gens dont je parle en ce moment espère beaucoup en Louis XIX, et regarde le gouvernement de Charles X comme un mal nécessaire. On s'attend à voir Charles X se déclarer contre la Charte, du moment qu'il n'aura plus peur. Il souffre que le clergé commette tous les excès. Les gens dont je parle, tout en avouant que M. de Villèle n'a d'autre objet que de conserver sa place, lui sont attachés comme le moindre mal auquel on puisse s'attendre sous un tel prince. On désire que M. de Villèle tienne, parce qu'on a une peur affreuse du successeur que la cabale jésuitique peut lui donner. »

Beyle, lui, n'était pas complètement avec les gens dont il parle. Le *centre gauche* ne lui suffisait pas : il ne se résignait ni à la restauration, ni à la monarchie, ni même à un libéralisme modéré ; il haïssait les *ultras* et redoutait les « Jésuites » — les *Tejés*, comme il les appelle parfois dans ses accès d'enfantine prudence, — qu'il voyait partout ; il n'attendait pas grand'chose de Louis XIX, parce que ce qu'il aurait voulu, c'eût été Napoléon par amour de la

gloire, ou la Révolution par haine de l'Église; il
était donc mécontent, irréconciliable, âpre et gro-
gnon; il se complaisait dans son mécontentement,
et, isolé, ou fréquentant un petit nombre de personnes dont les tendances se rapprochaient des
siennes, il regrettait Métilde que Mme C... remplaçait mal, le salon d'Elena Viganò que celui de
Mme Pasta ne remplaçait guère, Milan que Paris
ne remplaçait pas.

C'est dans cette disposition d'esprit que Beyle
publia ceux de ses livres où sa personnalité commence enfin à s'affirmer : son *Essai sur l'Amour*,
d'abord, qui parut en 1822, mal imprimé sur de
mauvais papier, et dont l'insuccès complet devait
encore l'aigrir. Évidemment, il avait écrit cet irri-
tant traité avec un intérêt tout particulier : de 1822
à 1833, il s'en vendit dix-sept exemplaires; l'auteur
put donc constater qu'il était à peu près seul de
son espèce, et, quelque orgueilleux ou misanthrope
qu'on puisse être, c'est là une constatation toujours
pénible. A vrai dire, il se consola plus tard, en
racontant d'un ton plaisant, dans ses préfaces, les
mépris de son imprimeur, en répétant qu'il ne faisait aucun cas « de tout ce qui ment pour avoir de la
considération comme écrivain », qu'il écrivait « pour
cent lecteurs ». etc.; mais, en réalité, son amour-
propre fut plus gravement atteint qu'il ne l'avoue,
et l'on comprendra l'amertume qui se cache sous les
badinages de ses préfaces, si l'on se rappelle avec
quelle discrétion voulue de gentleman Beyle parle

habituellement de sa littérature. En même temps que
l'*Essai sur l'Amour*, parut une brochure littéraire,
Racine et Shakespeare, qui est plutôt un réquisitoire
contre les classiques qu'une apologie du naissant
romantisme; puis, en 1824, une *Vie de Rossini*,
et, l'année suivante, une sorte de pamphlet *D'un
nouveau complot contre les industriels* dirigé contre
l'industrialisme. C'est encore à cette période qu'appartiennent aussi les *Promenades dans Rome* 1829,
sorte de guide historique et raisonné du touriste,
rempli de renseignements précieux et d'ailleurs de
lecture agréable; et le premier roman de Beyle,
Armance ou Quelques scènes de Paris en 1827. Après
la publication de tous ces ouvrages, dont le premier
est devenu presque célèbre et dont le dernier méri-
terait peut-être aussi bien d'être relu que *le Rouge
et le Noir*, la réputation littéraire de Beyle n'avait
pas passé les étroites limites d'un cercle restreint.
On ne trouverait pas, dans sa correspondance, une
seule plainte contre l'indifférence des contemporains; mais il se pénètre toujours plus de l'idée qu'il
est un isolé, un être à part, seul susceptible de
sentiment et de passion au milieu de l'envahissant
industrialisme, de l'égoïsme général, de la cuistrerie
universelle, seul capable de faire de saines folies
pour une jolie femme, d'applaudir une cavatine avec
l'enthousiasme qu'il faut, d'être toujours parfaitement sincère vis-à-vis de lui-même comme vis-à-vis
des autres.

Beyle vit avec plaisir éclater la révolution de
Juillet, dont il parle avec un renouveau d'enthousiasme. Il n'y prit cependant aucune part : une de
ses notices nécrologiques nous apprend qu'il passa
la nuit du 29 juillet chez sa maîtresse, « pour la
garder ». C'est sans doute un beau trait d'amoureux,
mais qui n'a rien d'héroïque ; on ne peut s'empêcher
de trouver qu'en cette nuit historique, Beyle ressemble un peu à ces bourgeois qu'il haïssait, et que
le nom de Cotonet, dont il signe plusieurs de ses
lettres d'alors, lui seyait assez. Du reste, s'il ne se
mêla point aux événements de Juillet, il exalta le
fait accompli, et le 15 août, il écrivait :

« .... Plus on s'éloigne de la *grande semaine*, comme
dit M. de la Fayette, plus elle semble étonnante.
C'est l'effet produit par les statues colossales, par le
mont Blanc, qui est plus sublime, vu de la descente
des *Rousses*, à vingt lieues de Genève, que vu de sa
base.... »

En somme, il est rempli de sympathie pour Louis-
Philippe, quoiqu'il se méfie de ses conseillers ; et il
cherchera bientôt à reconstituer sa carrière, que la
Restauration avait interrompue, le nouveau gouvernement lui paraissant d'accord, ou à peu près, avec
ses opinions. Aussi, moins de deux mois après la
chute de Charles X, était-il nommé consul à Trieste.
Il s'y ennuya affreusement : ses lettres à ses amis
ne sont qu'un long gémissement. Il s'y plaint du
climat, des habitants, du régime, de l'ennui, du
froid, de l'isolement, de la dignité dont on l'a revêtu,

de la nécessité où il se trouve de conserver sa
charge, etc.

« Je n'ai jamais mieux senti le malheur d'avoir un
père qui se ruine, écrit-il trois mois après son
entrée en fonctions. Si j'avais su, en 1814, le père
ruiné, je me serais fait arracheur de dents, avocat,
juge, etc. Être obligé de trembler pour la conserva-
tion d'une place où l'on crève d'ennui !... Toute ma
vie est peinte par mon dîner : mon haut rang exige
que je dîne seul : premier ennui. Second ennui : on
me sert douze plats; un énorme chapon qu'il est
impossible de couper avec un excellent couteau
anglais, qui coûte ici *moins* qu'à Londres; une
superbe sole qu'on a oublié de faire cuire, c'est
l'usage du pays; une bécasse tuée de la veille, on
regarderait comme un cas de pourriture de la faire
attendre deux jours. Ma soupe de riz est salée par
sept à huit saucisses, pleines d'ail, qu'on fait cuire
avec le riz, etc. Que voulez-vous que je dise? C'est
l'usage, on me traite comme un seigneur, et certainement le bonhomme d'aubergiste, qui ne me
rencontre jamais dans sa maison sans s'arrêter, se
découvrir et me faire un salut jusqu'à terre, ne gagne
pas sur mon dîner, qui me coûte quatre francs deux
sous; le logement, six francs six sous. Ma qualité
d'oiseau sur la branche m'empêche de prendre une
cuisinière. Je suis empoisonné à un tel point, que
j'ai recours aux œufs à la coque; je n'ai inventé cela
que depuis huit jours, et j'en suis tout fier. »

Avant de quitter Paris, il avait laissé à l'impri-

merie un roman, *le Rouge et le Noir*, qui parut
pendant son absence, avec l'insuccès auquel il
commençait à s'accoutumer : il n'en parle dans ses
lettres que comme d'un « plat ouvrage » et d'une
« rapsodie ». Il ne songeait qu'à quitter Trieste ; et
il fut tout heureux quand le gouvernement autrichien
qui persistait à le considérer comme un *carbonaro*
lui ayant refusé l'*exequatur*, il fut rappelé et nommé
consul à Civita Vecchia. Hélas! il n'y fut guère plus
heureux. Il gardait au fond de lui le persistant souvenir de ses belles années, de ses émotions vives,
de ses frais sentiments. Il aurait voulu les retrouver
sans cesse et, ne les retrouvant pas, il ne voulait pas
s'avouer qu'il en avait passé l'âge ; il accusait les
circonstances, son manque d'argent qu'il supportait
si allégrement autrefois, ou ses fonctions qui pourtant ne le gênaient guère. Il les remplissait, en effet,
sans goût ni zèle, quittant si souvent sa résidence,
qu'il s'attira quelques réprimandes. C'est qu'elle
était trop près de Rome : comment Beyle aurait-il
résisté à l'attrait de la ville qu'il aimait et connaissait
le mieux après Milan, dont il admirait chaque rue et
chaque édifice, dont il adorait la population violente
et passionnée que la bienveillante police papale
gênait si peu? Il s'y rendait, non pas en personnage
officiel, pour dîner chez l'ambassadeur de France
ou à la villa Médicis, chez Horace Vernet; mais
en Italien et en touriste qu'il était dans l'âme. Il y
découvrait quelques vieux documents, il y braconnait
quelque aventure, il y observait quelque trait de

mœurs qui le faisait rêver. C'étaient ses bons moments. Il les trouvait toujours trop courts; et il maugréait en reprenant le chemin de son poste.

L'insuccès persistant de ses livres ne le décourageait pas d'écrire : il pensait aux « cent lecteurs » qu'il avait peut-être, surtout aux lecteurs plus nombreux sur lesquels il comptait dans un avenir qu'il avait pris soin de fixer assez éloigné pour qu'il n'eût aucune chance d'avoir un jour à constater sa déception. En 1838, il donna ses *Mémoires d'un touriste*, relation des voyages en France d'un prétendu commis voyageur pour le commerce des fers. L'année suivante, *la Chartreuse de Parme* lui valut un succès qu'il n'attendait peut-être plus et révéla son nom au grand public. Nous aurons à parler plus loin de l'article que Balzac lui consacra à cette occasion dans la *Revue parisienne* du 25 septembre 1840. Beyle, qui n'était point gâté, fut extrêmement sensible aux éloges d'un tel confrère : on le voit bien à la longueur et au ton de la lettre par laquelle il l'en remercia. *La Chartreuse de Parme* fut le dernier volume qu'il publia : *le Chasseur vert*, qu'il n'acheva pas, ainsi que ses *Chroniques italiennes*, dont quelques-unes avaient paru dans la *Revue des Deux Mondes*, ne furent édités qu'après sa mort.

Sa mort fut précisément celle que pouvait souhaiter un sage comme lui. Le 15 mars 1842, il fut frappé d'une première attaque : « Je me suis colleté avec le néant », écrivait-il quelques jours après à un de ses

amis, auquel il explique aussi les migraines et les
troubles singuliers dont il souffrait depuis plusieurs
mois. Il ne s'était guère soigné, « croyant peu à la
médecine, et surtout aux médecins, hommes médiocres ». Il se remit pourtant, assez complètement,
si l'on en juge par le ton de ses dernières lettres, où
il ne parle plus de sa santé : elles nous le montrent
toujours le même, actif, curieux, l'esprit en éveil,
s'intéressant à tout ce qu'il voit, prêt à s'enthousiasmer pour le mouvement révolutionnaire de la
Toscane, un peu mélancolique pourtant, gagné par
la tristesse de l'âge qui s'approche, de sa solitude,
comme on en peut juger par cet aveu soudain et
inattendu, qui lui échappe à la fin d'un billet adressé
à son plus vieil ami, M. R. Colomb : « J'ai deux
chiens que j'aime tendrement : l'un noir, épagneul
anglais, beau, mais triste, mélancolique; l'autre,
Lupetto, café au lait, gai, vif, le jeune Bourguignon,
en un mot; *j'étais triste de n'avoir rien à aimer* ». Fin
touchante, dans son léger ridicule, d'un cœur trop
sensible, qu'avait gâté seulement un esprit trop clairvoyant; aveu vraiment émouvant, quand on pense
qu'il tombe de la plume qui, vingt ans auparavant,
écrivait l'*Essai sur l'Amour*; dernier et pauvre
enchantement qui reste à l'amant de Mélanie,
d'Angelina, de Métilde, encore et toujours épris
d'aimer.... Les tristesses qu'annonce un tel aveu,
Beyle n'en eut que l'avant-goût : le 23 mars, une
seconde attaque l'emporta rapidement. A l'époque
où il songeait au suicide, il avait composé son épi-

taphe, qui est son dernier défi aux conventions de
société et de patrie, et qui, dans son laconisme,
résume assez bien toute sa vie :

QUÌ GIACE
ARRIGO BEYLE MILANESE.
VISSE, SCRISSE, AMÒ.

C'est à quelques mots près celle que M. R. Colomb
fit inscrire sur la pierre tumulaire qui a disparu du
cimetière Montmartre en 1887.

Les œuvres de ses dernières années ont été peu à
peu recueillies. C'étaient, outre les *Chroniques italiennes*, une *Vie de Napoléon* qui s'arrête au commencement de 1797, des fragments qui ont formé
un volume de *Mélanges*, les *Nouvelles inédites*, et la
Correspondance. Tout récemment, M. Stryienski a
livré à la publicité différents manuscrits incomplets
qu'il a découverts à la bibliothèque de Grenoble :
un roman, *Lamiel*, un *Journal*, et une *Vie de Henri
Brûlard*, qui n'est qu'un journal déguisé. Ces ouvrages, qui présentent un intérêt biographique et
psychologique incontestable, n'ajouteront rien à la
gloire de Stendhal.

III

HENRI BEYLE : SON CARACTÈRE, SES IDÉES GÉNÉRALES, SES IDÉES LITTÉRAIRES

Les portraits qui nous restent de Stendhal nous montrent une figure très bourgeoise, dans laquelle on chercherait en vain quelques-uns des caractères que dégagent les œuvres et la correspondance. La tête, grosse et ronde, entourée de cheveux crépus ou frisottants et d'une barbe drue, taillée en collier sous le menton, est solidement plantée sur un cou presque nul et sur un buste épais; de grands yeux perçants et froids sont enfouis sous des sourcils touffus; la bouche, particulièrement frappante, avec sa lèvre supérieure trop mince, est plissée aux extrémités, railleuse, ironique, malveillante. Dans son ensemble, la physionomie n'éveille aucune sympathie, bien au contraire : si on lui cherchait une signification professionnelle, on ne songerait ni à un ancien officier, ni à un homme du monde, ni à un dilettante, ni à un écrivain, mais plutôt à un juge d'instruction, accoutumé à examiner de vilaines âmes et qui, de ses explorations, aurait conservé le dégoût, ou du moins le dédain des êtres qu'il ne regarde que pour les deviner et les perdre. Une malveillance ombrageuse, jointe à beaucoup d'entêtement, voilà, je crois, le jugement qu'un physionomiste porterait à première vue. C'est à peu près celui que portent sur Stendhal les lecteurs qui s'en sont tenus au *Rouge et Noir*. Nous allons voir qu'il est incomplet, et par conséquent injuste.

Le trait dominant de son caractère, qui a gouverné sa vie, c'est une extrême sensibilité, à la fois naturelle et voulue, qu'il possédait de naissance, qu'il a cultivée, mais qu'il ne montra jamais aux yeux étrangers. Elle apparaît pourtant, franchement avouée, dans les pages de réflexions intimes qu'il écrivit aux approches de la cinquantaine, lorsqu'il entreprit sa *Vie de Henri Brûlard*. Ces pages sont parmi les morceaux, assez nombreux d'ailleurs, qu'il a écrits sans penser aux lecteurs, sans chercher à se tromper lui-même, sans s'imposer aucun rôle, dans un de ces besoins d'expansion qui le prenaient parfois dans sa solitude, pendant lesquels il confiait au papier des aveux que sa méfiance l'eût empêché de confier à personne. Il était à Civita Vecchia, il s'ennuyait, il voulut évoquer, pour les revivre, ses meilleures heures passées : et il se vit, en même temps, tel qu'il avait été, tel qu'il était maintenant, tel qu'il était jugé par les autres. Cette triple image de lui-même, en se dressant dans sa rêverie, le remplit d'une vague tristesse : il se sentit froissé de passer pour un homme insensible et roué, lui qui avait « été constamment occupé par des amours malheureuses » ; il fut pris d'un doute : il se demanda s'il avait assez aimé, si on l'avait assez aimé ; il rappela les initiales de celles qu'il avait aimées, puis leurs noms complets, et il eut, lui si réservé, si prévoyant, l'imprudence de les écrire. Elles étaient onze, dont le souvenir l'enchantait toujours ; encore, plusieurs d'entre elles ne l'avaient-elles pas « honoré de leurs bontés ». Il le regrettait un peu : « Je n'ai point été galant, pas assez » ; mais il ne le regrettait pas trop vivement, et ne leur en voulait point d'avoir été cruelles, puisqu'il avait eu tout de même la joie d'aimer. Et il écrivait, non sans un peu de mélancolie, décidé pourtant à se flatter de son bonheur : « L'état habituel de ma vie a été celui d'amant malheureux aimant la musique et la peinture ». Ou bien : « J'ai eu très peu de succès. Mais l'autre jour, rêvant à la vie dans le chemin solitaire au-dessus du lac d'Albano, je trouvai que ma vie pouvait se résumer par les noms que voici, et dont j'écrivais les initiales sur la poussière, comme Zadig, avec ma canne.... »

Cette sensibilité allait volontiers et facilement jusqu'à la tendresse : toute retenue qu'elle était d'habitude, elle se manifeste pourtant, soit dans quelques-uns des caractères que Beyle a créés (Armance, Clélia Conti, etc.), soit dans certaines

phrases qui lui échappent dans ses lettres d'amour :
« Mon Dieu! que j'ai été heureux mercredi! Je
marque ce jour, car Dieu sait quand j'oserai
t'envoyer cette lettre. Je l'écris *per sfogarmi*. Je
t'aime tant aujourd'hui, je suis tellement dévoué,
que j'ai besoin de l'écrire, ne pouvant le dire à
personne.... » Ou bien : « N'aie pas la moindre
inquiétude sur moi, je t'aime à la passion; ensuite,
cet amour ne ressemble peut-être pas à celui que
tu as vu dans le monde ou dans les romans. Je voudrais, pour que tu n'eusses pas d'inquiétude, qu'il
ressemblât à ce que tu connais au monde de plus
tendre.... Faut-il que ma maudite originalité ait
pu te donner une fausse idée de ma tendresse?... »
Des fragments semblables, comme aussi les aveux
sincères jusqu'à la naïveté qui émaillent le *Journal*,
éveillent l'idée d'un tout autre homme que celui
qu'on croit connaître. D'où vient donc ce malentendu? pourquoi l'être délicat qui trouve en abondance ces expressions presque touchantes semble-
t-il d'autres fois ombrageux et méchant? pourquoi
l'écrivain qui a créé Armance a-t-il aussi inventé
Julien Sorel?...

C'est que, dès l'enfance, cette sensibilité qu'il
devait conserver toujours a été blessée et s'est aigrie.
Rappelez-vous le petit Henri Beyle, dont tous les
siens repoussent les effusions, que son père n'aimait
pas, que tourmentait sa tante Séraphie, qui dans sa
sœur cadette ne voyait qu'un espion de cette tante
abhorrée, qui se trouve seul au milieu de camarades

différents de lui dont il dut subir aux récréations
les haines et les quolibets. L'enfant expansif se
contient : il devient timide, d'abord, d'une timidité
compliquée, faite de l'exaltation même de sa, sensibilité et de la crainte douloureuse qu'elle soit
repoussée, d'une timidité définitive, qu'il ne vaincra
jamais, qui, plus tard, le rendra gauche et craintif
auprès des femmes aimées, malgré ses efforts pour
la dominer, malgré les mots d'esprit qu'il a aiguisés
d'avance, malgré l'ironie qu'il affecte, malgré de
faux airs de don Juan. Puis, de bonne heure aussi,
cette timidité deviendra méfiance : à mesure que
l'enfant se développe, il se fera plus ombrageux ; il
aura peur qu'on devine ses tendresses secrètes, et
les cachera si bien, qu'aux heures où il voudrait les
montrer, il ne saura plus : « Je fais tous les efforts
pour être *sec*, disait-il dans *l'Amour*. Je veux imposer
silence à mon cœur, qui croit avoir beaucoup à
dire. Je tremble toujours de n'avoir écrit qu'un
soupir, quand je crois avoir noté une vérité. » En
réalité, Stendhal, ici, se juge mal : il voulait
paraitre sec, c'est vrai ; pour y parvenir, il se fit un
masque d'ironie, d'âpreté, d'égoïsme, il se ceignit
d'une cuirasse d' « homme fort », de roué, dont il
laissait rarement voir les défauts. Mais en même
temps, il entendait conserver toute sa sensibilité, il
la soignait, il la ménageait, il en était fier : à chaque
instant, il s'élève contre les préjugés, les habitudes,
les exigences de la vie civilisée, qui émoussent ou
refrènent la passion, contre la France et Paris, qui

l'ignorent, contre le XIXᵉ siècle, qui ne lui est pas propice. En revanche, il l'admire et l'exalte partout où il la trouve : c'est parce que la passion y est libre qu'il aime tant l'Italie, « où les jugements du public sont les très humbles serviteurs des passions », Rome surtout, où elles s'étalent, où une « femme honnête » peut dire à une de ses amies, en présence de la fille de celle-ci : « Ah! ma chère, ne fais pas l'amour avec Fabio Vitteleschi »; où les hommes du peuple ont toujours le couteau à la main pour se venger des trahisons de leurs maîtresses, qui ne se laissent pas arrêter pour si peu et risquent leur vie plutôt que de renoncer à un caprice. Plus tard, à un âge où il était lui-même plus apaisé, il se réjouissait chaque fois qu'il voyait ou croyait voir autour de lui quelque belle passion : « Je vous fais compliment de la passion que suit votre fils, écrira-t-il encore, en 1835, à une amie. Peu importe l'objet, c'est une passion.... » Cet amour de l'amour, ce culte de la passion est peut-être le seul trait commun qu'il ait avec la génération romantique. Mais, chez lui, il est plus naturel, plus spontané, que chez les auteurs d'*Anthony* ou de *Jocelyn*. Ceux-ci, le dernier surtout, étaient gênés par un certain sens moral, et ce n'était pas sans quelques réserves, sans un vague effroi, sans une réprobation intérieure, qu'ils admiraient les amants amoureux jusqu'à la folie, jusqu'au crime ou jusqu'au sacrilège. Ce sens moral manque entièrement à Stendhal. Quelqu'un lui demandait un jour : « Si vous aviez une fille, qui

voudriez-vous qu'elle fût : Mme la duchesse de
la Vallière, ou Ninon de Lenclos? » Il répondit,
bravement : « Ninon ». Il est tout entier dans cette
réponse, qui dans sa bouche n'est ni une bravade,
ni un paradoxe : Ninon a eu plus de plaisir que
Mme de la Vallière, c'est donc elle qui avait
choisi la bonne part. Très galant homme pour tout
le reste, Beyle oubliait sa conscience dès qu'il
s'agissait d'amour : aussi sa vie et ses livres man-
quent-ils de cette grandeur que la conscience
apporte partout où elle intervient. Heureusement
pour lui, son imagination avait une pointe d'héroïsme, grâce peut-être aux récits romanesques de
sa tante Élisabeth : ce qu'il appelle son *espagnolisme*.
Cet *espagnolisme* lui remplaça jusqu'à un certain
point la conscience qui lui manquait : il développa
en lui le sentiment de l'honneur, la haine de toutes
les bassesses, le mépris de l'hypocrisie; mais il
n'introduisit pas dans son âme ces germes de doute
et d'angoisse qui donnent une hauteur si tragique
aux passions les plus déréglées, par exemple, de
lord Byron et de ses héros.

Cette extrême sensibilité qui, dans le domaine du
cœur, fit de Beyle un éternel amoureux, fit également
de lui, dans le domaine de l'intelligence, un dilettante. Il ne demanda jamais au travail que ce qu'il
demandait au sentiment : le plaisir; en sorte qu'il ne
conserva pas longtemps les hautes ambitions littéraires de sa jeunesse. Si, à son entrée dans la vie,
il rêva un instant de devenir un grand poète, il

n'écrivit bientôt plus que pour le plaisir d'écrire, quand il en avait envie, et en se forçant à un certain dédain de ce qu'il faisait. Du reste, sa production lui parut toujours beaucoup moins importante que ses impressions, et il s'estima toujours davantage d'avoir compris la musique de Rossini, les ballets de Vigano, les peintures du Corrège et les paysages du lac de Côme que d'avoir écrit *la Chartreuse de Parme* ou *le Rouge et le Noir*. Aller au théâtre et s'y plaire, se pâmer devant un Raphaël, se « purifier de la société des sots » aux sons d'un opéra bouffe, ces agréables distractions lui semblaient des titres de gloire; il disait aussi : « J'ai recherché avec une sensibilité exquise la vue des beaux paysages.... Les paysages étaient comme un archet qui jouait sur mon âme. » Dévotement, il écoutait les sons que rendait l'instrument délicat sous tous les « archets » qui le frôlaient; et il ne notait les airs qu'avec négligence. Il s'est dispersé, sans le regretter jamais : c'est presque de propos délibéré qu'il renonça à être un grand écrivain pour devenir un bon touriste, un simple homme d'esprit, un amateur élégant : ses livres sont un billet très incertain pris à la loterie de la gloire; il n'était « rien moins que sûr d'avoir quelque talent » : il butinait donc un peu partout, devant son papier ou dans sa loge, les mêmes plaisirs qui lui caressaient l'esprit. Une telle disposition, plus voluptueuse que féconde, lui permit d'être aussi heureux en art qu'en amour, et de la même manière : c'est-à-dire de jouir de sa pensée

comme il jouissait d'aimer, en se consolant avec
lui-même, et de façon à peu près identique, quand
Métilde lui refusait ses faveurs et quand l'imprimeur de l'*Essai sur l'Amour* se moquait de lui.

Cependant, cet amoureux et ce dilettante était
en même temps un homme d'énergie et d'action :
vigoureux, il éprouvait le besoin de déployer ses
forces ; sujet à l'ennui, il cherchait à le secouer par
une activité continuelle. Le mouvement, le danger
surtout, le remplissaient d'aise. Si Napoléon fut,
comme il le proclame dans sa dernière notice nécrologique, le seul homme qu'il respecta, ce fut à
cause du tourbillon de son histoire, à cause aussi
de la ressemblance qu'il lui trouvait avec ses héros
de prédilection, les tyranneaux italiens du xv⁰ siècle.
Il ne se consola jamais d'avoir manqué les grandes
guerres de la République, surtout cette première
expédition l'Italie qu'il raconte à deux reprises avec
un enthousiasme si juvénile et si communicatif.
Aimer et se battre, l'existence qu'il rêvait aurait
tenu tout entière dans ces deux mots : l'amour tel
qu'il le voulait devait être une bataille, avec des rivaux
et des stylets ; s'il eut un temps l'ambition de devenir
un poète comique « comme Molière », c'était surtout
pour conquérir Mélanie Guilbert, qui lui résistait
comme une redoute ; et s'il devint plus tard écrivain,
ce ne fut peut-être qu'en désespoir de ne pouvoir
être maréchal. Dans la vie pratique, telle qu'il se la
fit ou que les circonstances la lui firent, son besoin
d'action dut se contenter de deux dérivatifs : les

voyages, auxquels il consacra le plus de temps qu'il put, et une espèce de dandysme, qui n'était pas toujours exempt de ridicule, qui l'entraîna de temps en temps, surtout dans sa jeunesse, à une assez niaise admiration de sa personne, de son esprit ou de ses toilettes, mais qui le maintint toujours au-dessus de sa situation : ce fut ce dandysme, sans doute, qui lui permit de supporter avec une gaie insouciance ses embarras d'argent, comme aussi de braver avec un courage hautain les déceptions de sa carrière d'écrivain aussi bien que ses peines de cœur, c'est ce dandysme encore qui amène volontiers sous sa plume des sentences vraiment vaillantes : et c'est lui qui relève d'une pointe d'héroïsme ceux-là même de ses personnages qui, comme Julien Sorel, inspirent le moins de sympathie.

La sensibilité et l'énergie constituent ce que j'appellerai l'élément positif du caractère de Stendhal : elles sont continuellement attaquées, atténuées ou déformées par un élément négatif qu'il nous reste à définir.

Cet élément négatif, on pourra l'appeler l'esprit l'analyse, la clairvoyance, ou simplement l'intelligence : car c'est bien l'intelligence qui, développée à l'excès, poussée hors de son cadre normal, produit en s'ingérant dans le domaine de la sensibilité les désordres qu'on peut constater chez Beyle. Il y a, entre nos diverses facultés, un état d'équilibre que rompt la croissance exagérée de l'une d'elles, fût-ce de la plus noble : l'homme trop intelligent est aussi

déréglé que l'homme trop sensible. Or, quelque
vive que fût la sensibilité de Stendhal, elle ne
balança pas les excès de son intelligence : elle plia
devant celle-ci, qui la corrompit, la souilla, la com-
prima, la rendit craintive, méfiante, douloureuse.
Heureux quand il aime et décidé à aimer, Beyle
se gâte comme à plaisir tous ses sentiments par le
spectacle qu'il s'en donne. Il n'en jouit qu'après, par
un effort d'imagination, de volonté peut-être ; sur
l'heure même, auprès de Mélanie ou de Métilde, il
se contemple, il se demande si sa tenue est bien
celle qu'il faut, s'il montre assez d'esprit, s'il joue
assez parfaitement sa petite comédie. Plus loin, il
étudie tous ses gestes, il soupèse tous les mots de
celle qu'il aime, il leur cherche des significations
lointaines, il doute de leur naïveté, de leur sincérité, il est la propre victime d'une inquiétude dont
il connaît les dangers : « La pire de toutes les dupe-
ries où puisse mener la connaissance des femmes,
a-t-il noté dans son *Journal*, est de n'aimer jamais,
de peur d'être trompé ». Cette duperie, il en est
parfois victime, sinon toujours ; et il y en a une
autre encore à laquelle il n'échappe pas : la curiosité
de soi, tout aussi dangereuse, quand il s'agit d'aimer,
que la connaissance des femmes. Tantôt, en effet, il
découvre en s'explorant que ses moyens de séduc-
tion sont insuffisants, et il écrit sottement : « Quand
j'aurai joui six mois de 6 000 francs de rente, je serai
assez fat pour oser être moi-même en amour. Je sens
et je vois trop quel est l'homme parfaitement aimable

pour avoir une parfaite assurance tant que je serai
éloigné de ce brillant modèle.... » Tantôt aussi, il
mesure avec un étonnement presque naïf la disproportion qui existe entre les émotions réelles que lui
procure son amour et celles qu'il en avait attendues.
Dans les deux cas, il reste perplexe, anxieux, affaibli.
Il écrit : « Ma véritable passion est celle de connaître et d'éprouver. Elle n'a jamais été satisfaite ».
Son sentiment en est diminué, jusqu'au moment
où il le restaurera d'un effort de volonté; et il
manque ainsi le but qu'il s'était proposé, il ne saisit
qu'atténuée l'émotion attendue; et il est justement
ce qu'il redoutait d'être : sa propre dupe, l'ennemi
qui s'empoisonne à soi-même ses propres jouissances, le fâcheux *héautontimoroumènos*. — Tel il
est en amour, tel il est dans ses œuvres : il doute de
leur importance, et il en souffre, quoiqu'il tente de
se rassurer en pensant à ses lecteurs probables
de 1880 ou de 1991. Dans ses bonnes heures, il
ne songe qu'à la joie d'écrire; mais dans les mau-
vaises, les mêmes pensées qui lui avaient gâté son
plaisir d'aimer lui gâtent son plaisir de créer. « Une
autre raison, expliquait-il à son ami R. Colomb,
m'empêche depuis dix ans d'écrire beaucoup de
choses, *la crainte que quelque cuistre indiscret ne
se moque de moi en les lisant.* » Toujours dupe de la
crainte d'être dupe, ou de celle d'être ridicule, toujours mécontent et inquiet du spectacle qu'il s'offre
à soi-même, parce qu'il le voit de trop près, parce
qu'il se connaît trop bien! Il eut des passions, dont

aucune, quelque bonne volonté qu'il y mît, ne
l'arracha complètement à lui-même, précisément
parce qu'il redoutait toujours, ou de n'aimer pas
assez, ou de n'être pas assez aimé, ou de paraître
ridicule ; et il écrivit vingt-cinq volumes ou plus,
dont aucun ne donne l'exacte mesure de sa valeur,
précisément parce qu'il craignait trop d'y être ou
d'y paraître inférieur. Avec sa sensibilité et son
besoin d'émotions, il aurait pu être un don Juan, ce
qui eût été, sans doute, sa carrière préférée ; avec sa
sensibilité et son imagination, il aurait pu, peut-être,
devenir un poète, quoiqu'il n'eût pas l'instinct naturel de la poésie ; en mettant encore en jeu, dans
les proportions justes, son intelligence et sa volonté,
il aurait pu, en tout cas, être un grand écrivain.
Mais sa volonté, au lieu de venir seconder ses
autres facultés, fut paralysée par son intelligence :
il ne fut donc ni un don Juan, ni un poète, ni un
grand écrivain. Il ne fut qu'un homme souvent
amoureux, très actif, toujours clairvoyant, qui se
connut, qui connut les autres, mais qui, dupe de la
crainte d'être dupé, ne vécut pas comme il aurait
voulu vivre, ne fit pas ce qu'il aurait voulu faire, ne
réussit jamais à trouver la formule de son génie,
non plus que celle de son caractère.

Les traits que nous venons de marquer forment
le caractère moral de Stendhal ; il nous reste à
dégager de son œuvre les idées générales dont

l'ensemble constitue ce que je voudrais appeler son caractère intellectuel.

Comme nous le montre la date même de sa naissance (1783), Beyle appartient à cette génération qui, une fois mûrie, devait marquer la transition entre l'esprit philosophique et littéraire des hommes élevés dans l'admiration directe de Rousseau, de Voltaire, des Encyclopédistes, et celui des hommes que les spectacles de la Révolution et l'influence de Chateaubriand poussèrent dans une direction tout autre. Ce double courant se trouva représenté par les personnes qui l'élevèrent, de telle sorte que son choix ne pouvait être douteux : son grand-père, M. Gagnon, qu'il aimait, avec sa perruque poudrée à trois rangs de boucles, son petit chapeau triangulaire, sa canne à pomme en racine de buis bordée d'écaille, était un sceptique, un jouisseur aimable, un « voltairien », enfin, comme on l'était aux beaux temps du règne de Louis XVI ; son père, qu'il n'aimait pas, sa tante Séraphie, qu'il haïssait, sans compter les abbés qui lui apprirent le latin ou firent son instruction religieuse, étaient tous des « Jésuites » : c'étaient eux qui lui arrachaient les livres qu'il prenait dans la bibliothèque de son grand-père, *la Nouvelle Héloïse* ou bien *Félicia ou nos Fredaines*, eux qui lui imposaient des oraisons ou le mettaient en pénitence, eux qui l'exaspéraient par leur langage doucereux. Peu à peu, il exécra tout ce qu'ils aimaient, il aima tout ce qu'ils condamnaient ; les sentiments extrêmes qu'ils lui inspiraient formèrent sa petite âme, sensible à

l'excès et méfiante : il devint athée en haine de leur
Dieu, jacobin parce que les sans-culottes fusil-
laient leurs prêtres, et même un peu hypocrite,
quoique l'hypocrisie fût à ses yeux le plus vil des
vices, pour le plaisir de leur faire pièce sans
s'attirer des coups et de déshonorer par de fausses
attitudes les objets de leur respect. Beaucoup d'enfants passent par de telles écoles ; mais quand ils
sont à l'âge d'homme, leurs anciennes impressions
s'effacent et ne gouvernent plus leur développement :
ce ne fut pas le cas de Beyle, qui garda jusqu'au
bout l'âme que son enfance lui avait faite, sans
oublier aucune de ses rancunes, aucun de ses mauvais souvenirs : pour lui, les prêtres furent toujours
des tyrans, faux et bas, comme ceux qui lui ensei-
gnaient son catéchisme ; il n'imagina jamais qu'on
pût avoir quelque sympathie pour eux ou pour leur
foi sans ressembler à sa tante Séraphie ; et quand
il put lire librement, il lut, non pas en chercheur
impartial, mais avec un puissant préjugé favorable,
les livres qui pouvaient l'entretenir dans ces idées,
ceux qui avaient formé son grand-père, ceux que
publiaient encore de temps en temps des écrivains
de l'ancienne tradition : Helvétius, Condillac,
Cabanis et Destutt de Tracy.

Stendhal fut donc un athée. Il ne le fut pas à la
façon de certains héros de Byron, avec des cris, des
blasphèmes, des révoltes : il le fut sans aucun sata-
nisme, sans croire plus au diable qu'à Dieu ; il le
fut simplement, sans désir ni crainte de l'au delà,

sans effroi devant le mystère, sans peur de la mort. Dieu ne lui semble possible que comme un être « méchant et malfaisant » : « Je serai bien étonné après ma mort si je le trouve; et, s'il m'accorde la parole, je lui en dirai de belles... ». Sous quelque forme qu'elle se présente, il accepte la mort, comme un fait naturel et définitif, dont il est très facile de prendre son parti. Toute espèce de spiritualisme, si même il n'est qu'un motif poétique, lui est antipathique : aussi ne comprend-il pas grand'chose à quelques-unes des plus belles œuvres qui se produisent autour de lui, de Chateaubriand à Lamartine. Il n'aime rien tant dans la Révolution que son irréconciliable hostilité envers l'Église, et l'un de ses griefs contre Napoléon, ce fut sans aucun doute de s'être rapproché de Dieu, ou d'en avoir fait semblant.

Ses idées morales sont également fort simples : il n'admet pas que la vie humaine puisse avoir un autre but que le plaisir, lequel avait pour lui deux formes principales : l'amour, ou la satisfaction des besoins ambitieux. « Jouir de la vie », le plus possible, chacun selon ses désirs et ses moyens, cela devient, pour lui, une véritable loi, dont il étudie les applications, aux exigences de laquelle il se fait un devoir de se conformer. Parfois, on croirait qu'il fait l'amour, qu'il fréquente le théâtre de la Scala ou qu'il visite les églises de Rome comme d'autres distribuent des aumônes, écoutent des sermons ou pratiquent des austérités. Il a l'air d'obéir à une sorte d'impératif catégorique. En tout cas, on ne saurait être plus naïf que lui dans la poursuite de ses plaisirs : jamais il n'est effleuré par le soupçon qu'il pourrait avoir tort de désirer ce qu'il désire et qu'il accomplirait peut-être un acte méritoire en y renonçant. Quand il disserte sur les actions des autres, on est étonné de trouver parfois sous sa plume des mots qui semblent indiquer des préoccupations inattendues ; mais on s'aperçoit aussitôt que ces mots changent de sens. Il écrira, par exemple : « Napoléon a *refait le moral* du peuple français, c'est là sa gloire la plus vraie ». Si l'on s'arrête sur cette phrase, on sent surgir les objections. Mais si l'on poursuit, on s'aperçoit qu'il serait inutile d'en formuler aucune, car Beyle continue, sans seulement s'apercevoir, ou qu'il passe soudain d'une question à une autre, ou qu'il vient d'employer des expressions dont il a changé le sens : « Ses moyens ont été l'égale division, entre les enfants, des biens des pères de famille (bienfait de la Révolution), et la Légion d'honneur, que l'on rencontre dans les ateliers, sur l'habit du plus simple ouvrier ». — Il en est de même lorsqu'il disserte sur les actions ou les pensées de ses personnages préférés, Octave de Malivert, Fabrice del Dongo, Julien Sorel. Ce dernier, par exemple, ne sera pour les neuf dixièmes des lecteurs qu'un affreux hypocrite, méprisable à cause de sa bassesse, de ses mensonges, de ses calculs, jusqu'à en devenir odieux. Pour Stendhal, c'est un *être supérieur*, c'est-à-dire qui mesure exactement ses forces à son but,

qui, dans la poursuite de ce but, déploie des qualités exceptionnelles d'intelligence et de volonté, et
qui s'en laisse pourtant détourner, en une occasion
suprême, par un coup de passion : faiblesse sublime, faiblesse dont une âme d'élite *doit* être susceptible, puisque la passion donne les jouissances
les plus vives et que notre vertu la plus haute consiste à multiplier nos jouissances.... Il y a une incontestable logique dans ce point de vue, où l'on reconnaît, sous le romancier curieusement analyste et
paradoxal, le jeune homme qui entrait dans la vie
en notant sur son calepin : « J'ai vingt et un ans
dans vingt-trois jours, il est temps de jouir », et
qui, à ce moment-là, méditait une *Philosophie nouvelle* où il aurait semé des aphorismes de cette force :
« L'âme est l'ensemble des passions ».

Chez un esprit complet, les croyances religieuses,
les idées morales et les opinions politiques forment
un tout harmonieux, une sorte d'édifice à trois parties qui s'entre-soutiennent et dont aucune ne pourrait être corrigée sans qu'il soit en même temps
touché aux deux autres. Cette unité existait chez
le plus illustre des contemporains de Stendhal, chez
ce Chateaubriand qu'il ne sut point comprendre, et
qui ne put passer du parti *ultra* au parti libéral,
malgré toutes les précautions dont il entoura son
évolution, sans diminuer du cent pour cent son
prestige, sans mettre fin lui-même à sa propre carrière qui nous apparaît aujourd'hui comme bornée
entre le *Génie du Christianisme*, avant lequel il n'y

avait guère eu que des tâtonnements sans importance, et la guerre d'Espagne, suivie d'aberrations
pénibles et comme d'une sénilité précoce. Chez
Stendhal, on ne trouverait pas cette unité. Sans
doute, il existe un lien facile à reconnaître entre
son athéisme presque instinctif et son sensualisme
raisonné. Mais l'incohérence commence dès qu'on
veut analyser ses opinions politiques, si flottantes,
si contradictoires, qu'on peut à peine les saisir.

Comment concilier, en effet, sa passion pour Napoléon, qui fut, de son propre aveu, « sa seule religion », avec l'enthousiasme non moins vif que lui
inspirait la Révolution? Il les acceptait, l'un comme
l'autre, et quoique celui-là eût détruit celle-ci, « en
bloc ». Les excès mêmes de la Terreur ne lui déplu-
rent pas : on dirait que, toute sa vie, il les a jugés
avec ses yeux d'enfant rebelle, qui frémissait d'aise
à la secrète et perverse espérance que les bons sans-
culottes allaient peut-être guillotiner ses précep-
teurs. La mort du Roi le remplit de joie, parce
qu'elle affligeait ses « tyrans »; et ce qu'il y a
d'étrange, c'est que, sur ce point, son sentiment
resta le même jusqu'au bout : « Je fus si transporté
de ce grand acte de justice nationale, écrit-il en 1834,
en rappelant ses souvenirs d'enfance, que je ne pus
continuer la lecture de mon roman, certainement
l'un des plus touchants qui existe. Je le cachai, je
crois, devant le livre sérieux, probablement Rollin,
que mon père me faisait lire, et je fermai les yeux
pour pouvoir goûter en paix ce grand événement.

C'est exactement ce que je ferais encore aujour-
d'hui, en ajoutant qu'à moins d'un devoir impérieux,
rien ne pourrait me déterminer à servir le traître
que l'intérêt de la patrie envoie au supplice. Je
pourrais remplir dix pages de détails de cette soirée,
mais si les lecteurs de 1880 sont aussi étiolés que
la bonne compagnie de 1835, la scène comme le
héros leur inspirent un sentiment d'éloignement
profond et allant presque jusqu'à ce que les âmes de
papier mâché appellent de l'horreur. Quant à moi,
j'aurais beaucoup plus de pitié d'un assassin con-
damné à mort sans preuves tout à fait suffisantes
que d'un K. (roi qui se trouverait dans le même
cas. *La death of a* K. coupable est toujours utile
pour empêcher les étranges abus dans lesquels la
dernière folie, produite par le pouvoir absolu, jette
ces gens-là. » Voilà qui est d'un fanatique, d'un
Brutus ou d'un Coclès des armées de la Vendée.
Et pourtant, ce républicain farouche assistera sans
une révolte au 18 brumaire, dont il ne fera jamais
un crime à Napoléon : hostile aux rois légitimes, il
sera sympathique à l'Usurpateur; affamé de liberté,
pour en avoir été privé pendant toute sa jeunesse,
ayant des gouvernements une méfiance instinctive,
il n'acceptera, il ne comprendra, il n'admettra que
le pire des despotismes, le césarisme militaire, et
il l'acceptera tout entier, sans lui adresser d'autre
reproche que de n'avoir pas été assez complet.
Dans une de ses notices nécrologiques, il résume
ne ces termes laconiques et significatifs l'impression

que lui firent les Cent-Jours : « Gina l'empêcha de
revenir au retour de Napoléon qu'il sut le 6 mars.
L'acte additionnel lui ôta tous ses regrets. » Il
croit que la bataille de Waterloo « a reculé d'un
siècle les idées libérales », il prononce que « le seul
acte de faiblesse » dont la postérité puisse accuser
Napoléon, c'est « de n'avoir pas saisi la dictature
après Waterloo ». Pour lui, Napoléon est un libéral
et Louis XVIII un despote. C'est bien ici le lieu de
rappeler que Stendhal avait un vocabulaire particulier, et que sous sa plume les mots changent de
sens : le mot « libéral » y signifierait, je crois : « qui
ne croit à rien et persécute les Jésuites ». Tenir en
bride, par tous les moyens possibles, les instincts
tyranniques des gens comme feu son père et sa feue
tante, c'est peut-être bien, en dernière analyse, tout
ce qu'il demande aux gouvernements. La Restauration ramenait en France les anciens « rois Très
Chrétiens : c'est là ce qu'il ne pouvait lui pardonner;
car le régime monarchique, en soi, ne lui déplaisait
pas absolument, et il finit par l'accepter, quand il
put croire que la monarchie constitutionnelle gou-
vernerait sans les « Jésuites ».

On reconnaîtra que cet ensemble de croyances,
d'idées et d'opinions est assez peu logique, et constitue une pauvre « philosophie », qui est à peu près
celle des commis voyageurs libres penseurs ou des
Homais importants. Stendhal, c'est vrai, corrigeait
en partie ce qu'elle a de banal et de prétentieuse-
ment insuffisant par ses qualités primesautières,

par la vivacité de ses impressions, par leur multi-
plicité, par le don qu'il avait de les comprendre, de
les classer et de les expliquer, par toute la partie de
lui-même, enfin, qui fit de lui, au lieu d'un loustic
de province, comme son oncle Romain Gagnon fils,
l'auteur de deux ou trois romans qu'on relira longtemps encore. Son malheur fut de prendre cette « philosophie » au sérieux : il croyait au « beylisme », et
il en fut dupe, lui qui craignait tant de l'être. Hélas !
on l'est toujours : on a le choix de l'être de soi-
même ou des autres, et les plus sages sont peut-être
ceux qui se résignent au second de ces deux partis.
Le « beylisme » enferma Stendhal dans le cercle étroit
de ses certitudes négatives et stériles : il l'empêcha
de pressentir aucun de ces problèmes qui passaient
comme des vents prophétiques dans les grandes
pages de Chateaubriand ; il le tint à l'écart de ces
sentiments puissants qui emportaient Lamartine —
Lamartine qu'il hésitait à placer au-dessus de Béranger ; il priva ses passions de l'âme mystérieuse
qui les élargit ; il priva sa voix des sonorités douloureuses qui en sont l'harmonie ; il multiplia savam-
ment ses petits plaisirs de cœur, ses petites jouissances d'esprit et, du même coup, le maintint en
dehors de la vraie vie du cœur comme de celle de
l'intelligence ; il le força de s'éparpiller, en de futiles
intrigues, en des notes sans conséquence de touriste
oisif, en des recherches incomplètes d'érudit de
hasard ou d'historien de pacotille, en de menues
satisfactions de dilettante très ordinaire. L'inven-

teur du « beylisme » en fut donc la première victime.
Nous verrons qu'il n'en fut pas la seule.

Par ses idées littéraires aussi bien que par ses
idées générales, et malgré qu'il ait rompu quelques
lances en faveur du *romanticisme*, Stendhal est en
grande partie un homme du XVIIIe siècle. Il ne possède à aucun degré ce *sens artiste* de la langue qui,
depuis Chateaubriand, a été la marque distinctive de
tous nos écrivains de premier plan. Dès ses débuts,
et quoiqu'il vise à devenir, comme il disait, un
grand poète comme Molière, son idéal reste celui du
« grand siècle » : il veut se faire un « dictionnaire de
style poétique », composé de toutes les locutions
qu'il pourra trouver dans nos vieux auteurs, depuis
Amyot et Rabelais, et cela pour que, « dans trois
cents ans », on le croie « contemporain de Corneille
et de Racine » 1803 . Il ne paraît alors pas seulement
se douter que la langue de Rabelais n'est pas tout à
fait la même que celle de Corneille. D'ailleurs, il est
un peu incohérent : quelques jours auparavant, il
notait dans son *Journal* le précepte suivant, qui ne
paraît guère compatible avec son idée de dictionnaire : « Ne point se former le goût sur l'exemple
de nos devanciers, mais à coups d'analyse, en
recherchant comment la poésie plaît aux hommes,
et comment elle peut parvenir à leur plaire autant
que possible ». Il déclarait que « la seule qualité à rechercher dans le style est la clarté », et,
comme il voulait traduire en vers français l'épisode

d'Ugolin, songeait à se laisser souffrir de la faim
après s'être échauffé avec du café. C'est le moment
— qui pourrait le lui reprocher à son âge ? — où
il veut tout étudier, tout lire, tout apprendre, où il
trouve « par trop ridicule » de ne pas connaître
tous les grands poètes de tous les pays, où sa pensée
personnelle disparaît sous des influences contradictoires ou s'égare parmi des notions trop nombreuses et confuses. Peu à peu, l'ordre se fera dans
ses idées, il aura une conscience plus claire de son
but, il aura tout ramené à cet idéal un peu simple :
être clair, exact, précis, fallût-il pour cela prendre
ton en lisant le Code. Au fond, ce sera là sa seule
doctrine, l'unique lumière avec laquelle il se jet-
tera dans la querelle des classiques et des romantiques.

Aussi, n'y comprit-il pas grand'chose : la constitution de la littérature nouvelle, que Chateaubriand
avait créée, échappait à son intelligence. Il ne vit
pas qu'il s'agissait d'une révolution complète dans la
pensée et dans la langue, il ne devina pas qu'entre la
littérature du XVIIIe siècle et celle du XIXe, il y avait
un abîme aussi profond que celui qui séparait l'ancien régime du nouveau. Il appartint au romantisme,
si l'on veut, raisonna sur le romantisme, c'est vrai,
mais il n'en vit que le petit côté, il n'en goûta que
les œuvres inférieures, il n'en saisit ni l'esprit ni
les tendances. Être romantique, pour lui, c'était
être « pour Shakespeare contre Racine et pour lord
Byron contre Boileau ». C'était rompre avec la tra-

dition du « grand siècle » — peut-être bien en haine de la Restauration autant ou plus qu'en haine de Louis XIV. Là était, pour Beyle, le nœud du problème. Il écrivait, dans ses lettres : « Qui nous délivrera de Louis XIV ? Voilà la grande question dont la solution renferme le sort de la littérature française à venir…. » — Et dans sa brochure de *Racine et Shakespeare*, il exposait son point de vue en ces termes :

« Le *romanticisme* est l'art de présenter aux peuples les œuvres littéraires qui, dans l'état actuel de leurs habitudes et de leurs croyances, sont susceptibles de leur donner le plus de plaisir possible.

« Le *classicisme*, au contraire, leur présente la littérature qui donnait le plus grand plaisir possible à leurs arrière-grands-pères.

« Sophocle et Euripide furent éminemment romantiques ; ils donnèrent aux Grecs rassemblés au théâtre d'Athènes, la tragédie qui, d'après les habitudes morales de ce peuple, sa religion, ses préjugés sur ce qui fait la dignité de l'homme, devait lui procurer le plus grand plaisir possible.

« Imiter aujourd'hui Sophocle et Euripide, et prétendre que ces imitations ne feront pas bâiller le Français du XIXᵉ siècle, c'est du classicisme.

« Je n'hésite pas à avancer que Racine a été romantique : il a donné aux marquis de la cour de Louis XIV une peinture des passions, tempérée par l'*extrême dignité* qui alors était de mode, et qui faisait qu'un duc de 1670, même dans les épanchements les plus tendres de l'amour paternel, ne manquait jamais d'appeler son fils *monsieur*....

«.... Ce qu'il y a de romantique dans la tragédie actuelle, c'est que le poète donne toujours un beau rôle au diable. Il parle éloquemment, et il est fort goûté. On aime l'opposition.

« Ce qu'il y a d'anti-romantique, c'est M. Legouvé, dans sa tragédie d'*Henri IV*, ne pouvant pas reproduire le plus beau mot de ce roi patriote : « Je vou- « drais que le plus pauvre paysan de mon royaume « pût au moins avoir la poule-au-pot le dimanche. »

« Ce mot vraiment français eût fourni une scène touchante au plus mince élève de Shakespeare. »

Ce fragment résume tout ce que Beyle pensa et écrivit sur le romantisme. Jamais il ne sortit du cercle restreint dans lequel il avait ainsi enfermé la question. Et l'étrange confusion qui se faisait dans son esprit entre le sens général du mouvement romantique et sa signification actuelle, l'amena un jour à émettre cette assertion stupéfiante, mais qui rentre bien dans la définition de tout à l'heure : « A le bien prendre, TOUS LES GRANDS ÉCRIVAINS ONT ÉTÉ ROMANTIQUES DE LEUR TEMPS ». Notez que ses opinions sur ses contemporains achèvent de montrer à quel point il est, si j'ose m'exprimer ainsi, à côté du mouvement, et, parmi les jeunes écrivains qui s'affirment pendant les fécondes années de la Restauration, il distingue bien mal ceux qui compteront un jour. Il ne les lit guère, d'ailleurs, et s'en fait gloire, les tragédies de Manzoni, la *Bascigliana* ou

les *Prigioni* lui paraissant beaucoup plus intéres-
santes. D'ailleurs, quand il les lit, il étonne par les
jugements qu'il porte sur eux. Ne s'avisera-t-il pas
de trouver à Victor Hugo, au moment de la publication des *Odes et Poésies sacrées*, « un talent dans le
genre de celui de Young »? et ne le placera-t-il pas
au même plan que Casimir Delavigne? Il a, c'est
vrai, apprécié Lamartine dès les *Méditations*; mais il
n'a jamais été bien sûr que Béranger ne lui fût pas
supérieur, et je soupçonne que, dans son for intérieur, il trouvait *le Vieux Caporal* bien plus « clair »
que *le Lac*. Il s'extasia sur *les Prisonniers du Cau-
case*, qu'il définit sans sourciller : « un tableau dans
le genre du *René* de M. de Chateaubriand, des *Aven-
tures d'Aristonoüs* de Fénelon, du délicieux roman
de *Paul et Virginie* ». Dans les livres de Joseph de
Maistre, il ne parvint à distinguer que « l'ami du
bourreau » et des Jésuites. Le siècle avançait, le
génie littéraire de la jeune génération s'affirmait
dans toutes les œuvres hors ligne qui illustrèrent
les années 1820 à 1830 : les *Nouvelles Méditations*
paraissaient; les *Orientales* succédaient aux *Odes
et Ballades*; Vigny publiait les *Poèmes antiques et
modernes* et *Cinq-Mars*; le talent de Balzac se des-
sinait dans *les Chouans*; Augustin Thierry donnait
son *Histoire de la conquête de l'Angleterre*; Sainte-
Beuve débutait au *Globe* et présentait son premier
ouvrage aux concours de l'Académie française;
d'autres œuvres qui n'ont pas survécu, mais qui
n'étaient pas sans mérite, et que signaient les

Nodier, les Soumet, les Guiraud, les Pichat, attes-
taient la puissance productrice, la bonne volonté,
l'énergie de ces jeunes gens qui pouvaient presque
tous dire, avec l'un des leurs et comme Stendhal
lui-même :

> Nous froissons dans nos mains, hélas! inoccupées,
>   Des lyres, à défaut d'épées!
> *Nous chantons comme on combattrait!...*

Le mouvement de cette armée en éveil, la sève de
cette végétation de printemps échappait à l'œil péné-
trant de Beyle. Le 26 décembre 1829 — il est vrai
que c'était à cinq heures du soir et qu'il manquait
de bougies, — il écrivait à Mérimée : « Je ne vois
que vous en littérature et M. Janin, auteur du dia-
logue de don Miguel et de Napoléon ». Quatre ans
plus tard, Janin n'existait plus : Mérimée avait survécu, « à peu près seul » avec Béranger. N'avions-
nous pas raison de dire qu'on finit par être dupe de
sa clairvoyance, quand on la cultive et quand on y
croit ? Et comment le plus naïf et le plus « gobeur »
des liseurs de 1830 aurait-il pu s'y prendre pour
se tromper plus lourdement ?

Stendhal a par bonheur des aperçus plus justes,
plus féconds, plus heureux, quand il parle du roman.
Il est un des premiers qui aient protesté contre la
direction fâcheuse que l'influence des romanciers
d'outre-Manche, de Mathurin et de Walter Scott,
avait momentanément donnée à ce genre, et dans
laquelle allaient s'égarer des talents comme Charles

Nodier ou Victor Hugo. A plusieurs reprises, il a
fait le procès du genre à la mode ; et il l'a fait toujours avec cette impertinence incisive et catégorique
qui donne des airs si spécieux à ses jugements.
Il ne méconnaît pas le génie créateur et poétique
de Walter Scott, mais il en voit les faiblesses, il en
signale les dangers : « Une immense troupe de lit-
térateurs, dit-il dans un bref et curieux parallèle
entre *Walter Scott et la Princesse de Clèves*, est
intéressée à porter aux nues sir Walter Scott et sa
manière. L'habit et le collier de cuivre d'un serf
du moyen âge sont plus faciles à décrire que les
mouvements du cœur humain. On peut imaginer ou
peindre mal un costume du moyen âge (nous n'avons
qu'une demi-connaissance des usages et des cos-
tumes que l'on portait dans l'antichambre du cardi-
nal de Richelieu), tandis que nous jetons le livre
avec dégoût, si l'auteur peint mal le cœur humain,
et donne à un homme illustre, compagnon d'armes
du fils de Henri IV, les sentiments ignobles d'un
laquais. » Ce qu'il a le plus de peine à pardonner
à l'auteur de *Quentin Durward*, ce ne sont peut-être
pas ses « à-peu-près maniérés », ce sont ses imita-
teurs. Il le rend responsable, non sans raison, de ces
innombrables romans *pour femmes de chambre* qui,
publiés en in-octavo et illustrés par Tony Johannot,
faisaient gagner jusqu'à trois sous par jour, à l'en
croire, aux cabinets de lecture. Éviter le moyen âge,
parce que l'on ne saurait le représenter avec vérité ;
éviter les imbroglios absurdes, qui ravissent les sou-

brettes, les « scènes extraordinaires », qui mettent
en larmes les bourgeoises de province, bref, tous
les médiocres éléments d'intérêt que le vulgaire
appelle « le romanesque » ; décrire ce qu'on peut
décrire en pleine connaissance de cause, c'est-à-dire
les mœurs contemporaines ; les décrire avec autant
d'exactitude et de simplicité que possible — voilà
les traits principaux de la théorie du roman qui
se forme dans son esprit. Le style, cela va de soi,
devra se trouver en harmonie avec le fonds : il ne
sera jamais trop simple, trop éloigné de la phrase
superbe et rythmée à la Chateaubriand, trop dénué
de superlatifs et d'ornements. A l'en croire, Beyle se
donnait beaucoup de peine pour son style, et plus
d'une fois, il lui arriva de réfléchir un quart d'heure
sur un adjectif. Mais comme on a pu le remarquer
déjà, il était doué d'un esprit essentiellement négatif :
il limait ses phrases, il étudiait ses mots, et s'il par-
venait à supprimer les légères exagérations ou les
imperceptibles afféteries qui, de temps en temps,
tombaient de sa plume, on ne s'en apercevait guère.
Il voulait que le lecteur ne trouvât « rien à rabattre »
dans ce qu'il avait dit ; et il atteignait fort bien son
but. Seulement, le lecteur n'en était pas plus satisfait : habitué aux amples sonorités de Chateaubriand,
aux couleurs vives que les jeunes romantiques com-
mençaient à mettre à la mode, ou pour le moins
aux phrases élégantes, un peu fleuries, mais si
bien balancées et si justes de ton, des rédacteurs du
Globe ou du *Journal des Débats*, il ne comprenait

rien à ces petites phrases hachées, ternes, sèches,
d'une simplicité telle, que parfois elle confine aussi
à la recherche et à l'artifice. Et il trouvait que
Stendhal écrivait mal. N'était-ce pas aussi la critique qu'on adressait à Balzac? Elle frappait juste,
et les deux auteurs, également froissés, discutaient
et ergotaient de leur mieux pour prouver qu'ils
écrivaient comme ils voulaient écrire, et qu'en conséquence ils avaient raison : « J'abhorre le style
contourné, écrivait l'auteur de *la Chartreuse* à l'auteur du *Père Goriot* ... Je crois que depuis la des-
truction de la cour, en 1792, la part de la *forme*
devient plus mince chaque jour. Si M. Villemain,
que je cite comme le plus distingué des acadé-
miciens, traduisait *la Chartreuse* en français, il lui
faudrait trois volumes pour exprimer ce que l'on
a donné en deux. La plupart des fripons étant empha-
tiques et éloquents, on prendra bientôt en haine le
ton déclamatoire. A dix-sept ans j'ai failli me battre
en duel pour *la cime indéterminée des forêts* de
Chateaubriand, qui comptait beaucoup d'admirateurs
au 6ᵉ de dragons. Je n'ai jamais lu *la Chaumière
indienne*; je ne puis souffrir M. de Maistre; mon
mépris pour La Harpe va jusqu'à la haine. Voilà
sans doute pourquoi j'écris si mal : c'est par amour
exagéré de la logique. »

Sur ce point encore, vous voyez si Stendhal était
de son temps et s'il prévoyait juste : « la part de la
forme devient plus mince chaque jour ». Voilà une
prédiction qui est datée de 1840. Or, quels sont les

romanciers qui se sont, depuis, affirmés avec le plus
d'autorité ? » Flaubert, les Goncourt, Barbey d'Auré-
villy, puis M. Daudet, M. Zola, et les écrivains plus
jeunes, qui s'éloignent chaque jour un peu plus du
« Code civil ».

C'est ainsi que, de quelque manière qu'on l'examine, qu'on analyse son caractère, ses idées ou son
style, Stendhal apparaît toujours, ainsi que nous
l'avons déjà noté, comme un isolé. Il n'est pas de
son temps, et il n'est pas tout à fait de la veille ; nous
verrons qu'il n'est pas non plus entièrement du lendemain, et que l'écrivain conserve bien cette position unique, indépendante, solitaire, que l'homme
avait prise, à laquelle il tenait et ne renonça jamais.

IV

L'ŒUVRE DE STENDHAL

La vie de Stendhal, telle que nous l'avons racontée, ne fut point à coup sûr celle d'un homme de lettres, qui gravite tout entière autour d'un certain nombre d'ouvrages, de leur conception, de leur exécution, de leur publication et de leur succès, et dont ces ouvrages marquent les étapes : ce fut celle d'un *gentleman*, qui, détourné de la carrière militaire, fut voyageur par goût, consul par nécessité, attachant d'ailleurs toujours beaucoup plus d'importance à ce qu'il était qu'à ce qu'il faisait, soucieux de laisser s'épanouir son Moi, soucieux de le satisfaire, et n'écrivant que par hasard, quand les voyages, le théâtre ou l'amour lui laissaient le temps d'écrire. Son caractère ne subit donc aucune des *déformations professionnelles*, si j'ose parler ainsi, auxquelles les plus grands écrivains eux-mêmes échappent rarement et qui gâtent jusqu'à des figures aussi complètes que

celle, par exemple, d'un Chateaubriand. Il ne connut
pas ce défaut, plus sot encore qu'insupportable,
qu'est la vanité sous la forme spéciale qu'elle revêt
chez la plupart des hommes célèbres, c'est-à-dire
une vanité exacerbée, inquiète, aigrie, ombrageuse,
complaisante et envahissante, la *vanité d'auteur*,
en un mot : assez fat pour sa personne, pour son
« esprit » surtout, il ne le fut en effet jamais pour
ses livres. Il n'eut pas d'ambition, du moins d'ambition littéraire, sa passion de la gloire étant un sentiment plus haut. Aussi l'insuccès relatif de certains
de ses ouvrages, tout en lui causant peut-être un
peu plus d'humeur qu'il ne l'avoue, ne réussit pas
à l'aigrir, comme il aigrit d'habitude les artistes
qui croient avoir à se plaindre de l'indifférence du
public. Il réfléchit sans doute aux problèmes littéraires qui s'imposent à l'écrivain : mais il y réfléchit plutôt en spectateur qu'en intéressé direct,
plutôt en amateur intelligent qu'en homme du métier,
plutôt pour le plaisir de bien comprendre ce qu'il
aimait à lire qu'avec l'intention d'écrire lui-même :
ne voulant s'embrigader dans aucune troupe, franc-
tireur indépendant qui brûla quelques cartouches
en faveur du romantisme dont il détestait cependant les traits les plus marqués, méfiant des écoles
comme de toutes choses, il négligea de donner à ses
opinions littéraires aucune cohésion. Comme sa vie,
comme son caractère, ses théories quand il en fait
et ses jugements quand il en porte sont ceux d'un
dilettante, dépendent de l'impression du moment et

ne détestent pas de se contredire. Ajoutez que Beyle
était, à sa manière, un paresseux : capable de veiller
tard pour entendre de la bonne musique, de se lever
tôt pour aller visiter un musée ou une église, de
supporter un nombre infini d'heures de diligence, il
ne l'était pas de l'effort réfléchi, soutenu, patient,
qu'exige la composition d'une grande œuvre. Il ne
cherchait dans les lettres que ce qu'il cherchait partout : le plaisir. Or, il en est de l'art d'écrire comme
de tous les arts : il procure de vives joies, mais le
moment vient toujours où la joie de produire fait
place à la fatigue de perfectionner. A ce moment-
là, Beyle posait la plume ; ou plutôt, il n'y arrivait
jamais, sauf peut-être dans ses deux grands romans
— encore y aurait-il beaucoup à dire. Tous ses
livres, dépourvus de plan, souvent inachevés, toujours incomplets et négligés en quelques parties,
portent la trace de cette manière de composer. Ils
réalisent une définition fameuse que Stendhal aurait
certainement trouvée si La Bruyère ne l'avait for-
mulée avant lui : ils sont d'un homme plus que d'un
auteur. Mais ils sont d'un homme très personnel, à
la fois épris et curieux de son Moi, et qui l'étale
d'autant plus volontiers, qu'il ne songe point au
qu'en-dira-t-on, ou mieux, qu'il éprouve un certain
plaisir à s'en dégager entièrement. C'est là, en laissant de côté les romans sur lesquels nous revien-
drons, la force et la faiblesse de cette œuvre disparate, imparfaite, parfois ennuyeuse ou irritante,
parfois piquante et séduisante, qui comprend des

biographies (*Vies de Haydn, de Mozart et de Méta-stase; Vie de Rossini; Vie de Napoléon*, des récits de voyages (*Promenades dans Rome; Rome, Naples et Florence; Journal d'un touriste*; un traité de physiologie sentimentale *de l'Amour*; des articles de critique ou d'esthétique (*Histoire de la peinture en Italie; Mélanges d'art et de littérature; Racine et Shakespeare*); sans compter tout ce qui s'agite dans la *Correspondance*, dans le *Journal*, dans l'autobiographie publiée sous le titre de : *Vie de Henri Brûlard*.

L'intérêt de ces livres si divers est presque toujours de même nature : il résulte tout entier de la curiosité de l'auteur, de sa sagacité et, quelquefois, de ses enthousiasmes : donc, des qualités naturelles, nullement de qualités acquises, et d'ailleurs fort inégales d'un livre à l'autre.

Comme historien, Stendhal est assez médiocre. Il ne possède qu'une érudition imparfaite, et, malgré le culte qu'il professe pour la précision, il se contente facilement d'à peu près. A chaque instant — qu'on excuse la locution, — il « découvre l'Amérique ». Quand il pénètre dans l'histoire d'Italie, et il y entre le plus souvent qu'il peut, il en rapporte en triomphe et nous présente comme nouvelles des histoires comme celles des Cenci, des Borgia, etc., qui en 1820 n'étaient pas encore banales, mais qui cependant étaient déjà connues. Si dans les premiers temps de la Restauration, Beyle avait été à Paris, et s'il y avait

fréquenté le salon de Mme de Staël qu'il haïssait, il
aurait rencontré un homme avec lequel il aurait pu
parler de son cher moyen âge italien et qui n'aurait
pas manqué de rectifier utilement certaines de ses
opinions : Claude Fauriel. Mais Beyle ne s'inquiétait
point des travaux de son temps, surtout quand ils
étaient œuvres de savants français, lisait peu, par-
courait dans les bibliothèques les manuscrits que le
hasard lui mettait dans les mains, et, quand il igno-
rait leur contenu, jugeait que personne ne pouvait
le connaître. Pourtant, guidé par sa curiosité toujours en éveil, il eut parfois la main heureuse : ce
fut lui, par exemple, qui exhuma le procès de Gilles
de Rais, bien réellement oublié; et ses *Chroniques
italiennes* réunissent heureusement à l'intérêt du
roman celui de l'histoire — de l'histoire vivante et
familière bien entendu, de l'histoire par les faits
divers. Ces « faits divers », Beyle les raconte parce
qu'ils l'ont frappé, ou seulement amusé, et parce
qu'ils lui fournissent des thèmes à réflexions ingénieuses ou paradoxales sur l'état des mœurs pendant la Renaissance, sur l'énergie du XVe siècle italien, sur le ressort et la vigueur que prennent les
passions lorsqu'elles échappent aux tyrannies de la
civilisation, et autres motifs analogues qui pour lui
sont des lieux communs; mais il ne cherche point à
les rattacher à quelque idée générale. Une exception, pourtant, doit être faite en faveur des premières pages de sa *Vie de Napoléon*, qui développent, avec une espèce d'éloquence sobre et contenue,

une analyse à la fois lucide et profonde des deux
générations d'hommes qui firent les guerres de
Napoléon. Ce ne sont que trois pages, et je doute
qu'aucun écrivain ait jamais su enfermer plus de
pensées en si peu d'espace. Aussi, quoique je leur
aie déjà fait quelque emprunt, je les citerai tout
entières : elles sont, avec certaines pages du *Rouge
et Noir* et la dédicace de l'*Histoire de la peinture*,
les plus réussies de Stendhal, celles qui peuvent le
mieux montrer sa manière et de la façon la plus
avantageuse :

« J'éprouve une sorte de sentiment religieux en
écrivant la première phrase de l'histoire de Napoléon. Il s'agit, en effet, du plus grand homme qui ait
paru dans le monde depuis César. Et même, si le lecteur s'est donné la peine d'étudier la vie de César
dans Suétone, Cicéron, Plutarque et les *Commen-
taires*, j'oserai dire que nous allons parcourir ensemble la vie de l'homme le plus étonnant qui ait
paru depuis Alexandre, sur lequel nous n'avons
point assez de détails pour apprécier justement la
difficulté de son entreprise.

« J'espérais que quelqu'un de ceux qui ont vu
Napoléon se chargerait de raconter sa vie. J'ai
attendu pendant vingt ans. Mais enfin, voyant que
ce grand homme reste de plus en plus inconnu, je
n'ai pas voulu mourir sans dire l'opinion qu'avaient
de lui quelques-uns de ses compagnons d'armes;
car au milieu de toutes les platitudes que l'on connaît, il y avait des hommes qui pensaient librement

dans ce palais des Tuileries, alors le centre du
monde.

« L'enthousiasme pour les vertus républicaines,
éprouvé dans les années appartenant encore à l'enfance, le mépris excessif et allant jusqu'à la haine
pour les façons d'agir des rois, contre lesquels on se
battait, et même pour les usages militaires les plus
simples, qu'on voyait pratiquer par leurs troupes,
avaient donné à beaucoup de nos soldats de 1794 le
sentiment que les Français seuls étaient des êtres
raisonnables. A nos yeux, les habitants du reste
de l'Europe, qui se battaient pour conserver leurs
chaînes, n'étaient que des imbéciles pitoyables, ou
des fripons vendus aux despotes qui nous attaquaient.
Pitt et *Cobourg*, dont le nom se trouve encore quelquefois répété par le vieil écho de la Révolution, nous
semblaient les chefs de ces fripons et la personni-
fication de tout ce qu'il y a de traître et de stupide
au monde. Alors tout était dominé par un sentiment
profond dont je ne vois plus de vestiges. Que le lecteur, s'il a moins de cinquante ans, veuille bien se
figurer, d'après les livres, qu'en 1794, nous n'avions
aucune religion. Notre sentiment intérieur et sincère
était tout rassemblé dans cette idée : *être utile à la
patrie*.

« Tout le reste, l'habit, la nourriture, l'avancement, n'étaient à nos yeux qu'un misérable détail
éphémère. Comme il n'y avait pas de Société, les
succès dans la Société, chose si principale dans le
caractère de notre nation, n'existaient pas.

« Dans la rue, nos yeux se remplissaient de larmes en rencontrant sur le mur une inscription en l'honneur du jeune tambour Barra (qui se fit tuer à treize ans, plutôt que de cesser de battre sa caisse, afin de prévenir une surprise). Pour nous, qui ne connaissions aucune autre grande réunion d'hommes, il y avait des fêtes, des cérémonies nombreuses et touchantes, qui venaient nourrir le sentiment dominant tout dans nos cœurs.

« Il fut notre seule religion. Quand Napoléon parut et fit cesser les déroutes continuelles auxquelles nous exposait le plat gouvernement du Directoire, nous ne vîmes en lui que *l'utilité militaire* de la dictature. Il nous procurait des victoires, mais nous jugions toutes ses actions par les règles de la religion qui, dès notre première enfance, faisait battre nos cœurs : nous ne voyions d'estimable en elle que *l'utilité à la patrie*.

« Nous avons fait plus tard des infidélités à cette religion : mais dans toutes les grandes circonstances, ainsi que la religion catholique le fait pour ses fidèles, elle a repris son empire sur nos cœurs.

« Il en fut autrement des hommes nés vers 1790 et qui à quinze ans, en 1805, lorsqu'ils commencèrent à ouvrir les yeux, virent pour premier spectacle les toques de velours ornées de plumes des ducs et comtes, récemment créés par Napoléon. Mais nous, anciens serviteurs de la patrie, nous n'avions que du mépris pour l'ambition puérile et l'enthousiasme ridicule de cette nouvelle génération.

« Et parmi ces hommes habitant aux Tuileries,
pour ainsi dire, qui maintenant avaient des voitures
et sur le panneau de ces voitures de belles armoi-
ries, il en fut beaucoup qui regardèrent ces choses
comme un caprice de Napoléon et comme un caprice
condamnable ; les moins ardents y voyaient une
fantaisie *dangereuse pour eux* ; pas un sur cinquante
ne croyait à leur durée.

« Ces hommes, bien différents de la génération
arrivée à l'épaulette en 1805, ne retrouvaient l'*alacrité* et le bonheur des premières campagnes d'Italie
en 1796, que lorsque l'Empereur partait pour l'armée.
Je raconterai la répugnance avec laquelle l'armée
réunie à Boulogne, en 1804, reçut la première dis-
tribution des croix de la Légion d'honneur : plus
tard j'aurai à parler du républicanisme et de la
disgrâce de Delmas, de Lecourbe, etc.

« Ainsi, dans l'intérieur même des Tuileries, parmi
les hommes qui aimaient sincèrement Napoléon,
quand on croyait être bien entre soi, être bien à
couvert des investigations de Savary, il y avait des
hommes qui n'admettaient d'autre base pour juger
des actions de l'Empereur que celle de *l'utilité à la
patrie*. Tels furent Duroc, Lavalette, Lannes et quelques autres ; tels eussent été souverainement Desaix
et Caffarelli du Falga ; et, chose étrange à dire, tel
il était lui-même ; car il aimait la France avec toute
la faiblesse d'un amoureux. »

Il est rare que Stendhal s'élève à cette hauteur
dans les parties de son œuvre qui traitent de faits

ou de personnages historiques. En revanche, s'il demeure un historien assez insignifiant, il est presque toujours un merveilleux voyageur, et ses notes de voyages, moins les indications pratiques, pourraient presque remplacer Bædeker ou Joanne. Sans doute, on aurait à reviser certains de ses jugements ; on ne partagerait ni toutes ses admirations, ni tous ses dédains ; on ne passerait pas comme lui, avec une moue de dédain, devant les fresques des primitifs ; on ne se pâmerait pas avec une satisfaction aussi complète devant telle statue de Canova ou telle peinture de Jules Romain ; on ignorerait beaucoup de détails classiques, beaucoup de dates, beaucoup de noms ; on courrait le risque d'être parfois renseigné de travers, d'attribuer par exemple à Machiavel le mot apocryphe de Dante : « Si je m'en vais, qui reste ? si je reste, qui va ?... » ou à saint Augustin le *Credo quia absurdum* de Tertullien. Mais on aurait l'attention toujours prête, l'esprit en continuelle activité ; on aurait des impressions très vives, presque violentes, parfois douloureuses à force d'intensité, comme il les avait, lui qui s'écriait : « Heureux les tempéraments à la hollandaise qui peuvent aimer le *beau* sans exécrer le laid ! » On apprendrait sur les villes, sur les monuments, sur les artistes, une foule de détails piquants ; on éprouverait sans cesse le besoin d'approuver avec lui ou de protester contre lui. Ou bien encore, à chaque instant, on aurait à réfléchir, à propos de telle chose vue en passant, sur quelque pensée profonde, jetée d'un ton dégagé, et qu'on pourrait discuter à l'infini. Celle-ci, par exemple, que je choisis entre beaucoup d'autres marquées en marge des *Promenades dans Rome* : « .... Nous sommes revenus au Saint Pierre en bronze placé dans la grande nef. Cette statue roide fut un Jupiter ; c'est maintenant un saint Pierre. Elle a gagné en moralité personnelle ; mais ses sectateurs ne valent pas ceux de Jupiter. L'antiquité n'eut ni Inquisition, ni Saint-Barthélemy, ni *tristesse puritaine*. Elle n'eut point le fanatisme, cette passion mère des cruautés les plus inouïes. Le fanatisme a été créé par ce passage : *Multi sunt vocati, pauci vero electi*, hors de l'Église point de salut. » — De telles réflexions abondent dans les *Promenades dans Rome,* dans les *Mémoires d'un touriste*, dans *Rome, Naples et Florence,* et peut-être qu'elles font le principal intérêt de ces ouvrages. Aussi aurait-on profit à les relire sur les lieux, non pour les descriptions ou les renseignements, mais pour leurs points de vue inattendus, pour leurs saillies agressives, pour leurs paradoxes profonds, pour la foule d'idées, d'aperçus, de suggestions, qui jaillissent à chaque page.

Beyle est un singulier touriste, bien décidé à rester lui-même, à le paraître aussi, à braver les conventions et les partis pris qu'acceptent facilement les voyageurs habituels à ne chercher à travers le monde que ce qui répond aux besoins particuliers de sa nature. Pour apprécier son originalité, il faut toujours le rapprocher de ses contemporains : rappelez-vous qu'il parcourut la campagne romaine comme Chateaubriand, qu'il vit le lac du Bourget comme Lamartine, les montagnes de la Suisse et de l'Italie comme Byron. Ceux-ci avaient au plus haut degré le sentiment de la nature tel que l'ont éprouvé presque tous les poëtes du XIXe siècle : ils sentaient *tragiquement* ses beautés, sa grandeur, son indifférence ; ils aimaient à en décrire les aspects les plus saisissants, ils aimaient aussi à traduire les sensations violentes qu'elle leur communiquait. Dans certaines pages de *Manfred*, dans tout l'œuvre de Chateaubriand, dans les *Méditations*, dans la *Maison du berger* d'Alfred de Vigny, dans l'*Invocation de la nature* de Berlioz, il y a toute une sensibilité passionnée, douloureuse, mobile, qui s'attriste avec la mélancolie des crépuscules, qui change avec les images, qui s'exaspère avec les tempêtes, et ne retrouve un peu de sérénité qu'en dressant orgueilleusement, au-dessus de la nature absorbante et passive, l'homme isolé, malheureux et souverain :

> Vivez, froide nature, et revivez sans cesse
> Sous nos pieds, sur nos fronts, puisque c'est votre loi ;
> Vivez, et dédaignez, si vous êtes déesse,
> L'homme, humble passager qui dut vous être un roi ;
> Plus que tout votre règne et que ses splendeurs vaines,
> J'aime la majesté des souffrances humaines ;
> Vous ne recevrez pas un cri d'amour de moi.

Beyle ne connaît aucune de ces violences : il aime la nature comme il aime les œuvres d'art, quoique avec un goût moins vif : voluptueusement. Il ne s'attarde ni à la contempler, ni à la décrire.

parcourant la forêt de Fontainebleau, par exemple,
il se contentera de noter : « Avant d'arriver à Fontainebleau, il est un endroit, un seul, où le paysage
mérite qu'on le regarde. C'est au moment où l'on aperçoit tout à coup la Seine qui coule à deux cents pieds
au-dessous de la route. La vallée est à gauche, et
fermée par un coteau boisé au sommet duquel se
trouve le voyageur. Mais, hélas! il n'y a point de
ces vieux ormeaux de deux siècles si respectables,
comme en Angleterre. Ce malheur, qui ôte de la
profondeur à la sensation donnée par les paysages,
est général en France. Dès que le paysan voit un
grand arbre, il songe à le vendre six louis. » Ou
bien : « Les rochers de Fontainebleau sont ridicules :
ils n'ont pour eux que les exagérations qui les ont
mis à la mode.... Le sol de la forêt est donc fort insignifiant : mais, dans les lieux où les arbres ont
quatre-vingts pieds de haut, elle est touchante et
fort belle. Cette forêt a vingt-deux lieues de long
et dix-huit de large. » En Italie, il sacrifie entièrement la nature aux musées, aux ruines et même
aux églises, malgré son antipathie contre tout ce
qui touche au clergé. Et il décrit avec une extrême
sobriété les paysages suisses, pour lesquels cependant il a une prédilection marquée : « A la hauteur
de Vevey, dira-t-il, les hautes montagnes, chargées
de bois noir, se précipitent vers le lac par des
pentes de soixante degrés, qui donnent sur-le-champ
au paysage un caractère tragique ». Ou bien : « Com-
bien j'aimerais à passer huit jours à Vevey! Je loue-

rais une chambre sur la montagne, à une grande
lieue de la ville. Je suis touché, à ce voyage-ci, de
ce point admirable, où les montagnes sévères et cou-
vertes de sapins se rapprochent du lac, remplacent
l'ignoble champ cultivé et donnent au paysage un
si grand caractère. » Ou encore : « La route de
Genève ici, à Lyon, par le *Fort de l'Écluse* et le long
du Rhône *qui se perd*, pourrait passer pour sublime
si l'on comparait ses aspects à ceux des grandes
lignes plates, grises, nues, des campagnes qui envi-
ronnent Paris. *Mais l'intérêt du paysage ne suffit
pas; à la longue, il faut un intérêt moral ou historique.* »

Stendhal n'est-il pas tout entier dans ces derniers
mots, avec ses goûts réels, avec la curiosité particulière qui le pousse au voyage? Au fond, le détail
pittoresque ne l'intéresse guère : il tient beaucoup
plus au détail précis. Il consent à goûter la nature,
parce que son dilettantisme lui fait une espèce de
devoir de rechercher et d'apprécier toutes les impressions agréables, de quelque genre qu'elles soient;
mais c'est toujours de l'homme qu'il se préoccupe,
et de lui-même. A chaque instant, il oublie ce qu'il
voit pour manifester ce qu'il pense; plus souvent
encore, il évite de regarder les paysages pour
observer les gens, leurs mœurs, leurs façons d'être
et surtout de sentir. Une anecdote a pour lui plus
de prix qu'un point de vue, et il insiste avec autant
de complaisance qu'il en met peu à détailler un beau
site sur un mot recueilli à table d'hôte ou sur un fait

divers qu'on lui a par hasard raconté. Montaigne
voyageait ainsi, à cela près qu'il dédaignait autant
les œuvres d'art que la nature : il ne s'intéressait
qu'aux hommes, et, dans l'Italie du xvi⁰ siècle, il
ne vit guère que les Italiens. Beyle a, si l'on veut,
des horizons plus variés; mais, au fond, il est un
esprit de même ordre.

J'imagine pourtant volontiers un séjour à Rome
sans autre guide que les *Promenades*, ou un voyage
en France avec les *Mémoires d'un touriste*. On en
reviendrait fort instruit, riche de beaucoup d'impressions nouvelles, mais avec des notions singu-
lièrement incomplètes de ce qu'on aurait vu, avec
des jugements faux sur beaucoup de choses ; bien
renseigné sur les mœurs, assez bien sur les musées,
passablement sur l'histoire, très mal sur la nature.
Surtout, on en reviendrait un peu trop disposé à se
prendre pour un homme supérieur, qui ne voyage
comme personne et n'a pas une idée qui ne soit à
lui, bien à lui, à lui seul, qui n'ait jamais été for-
mulée avant lui, qui ne doive servir à affirmer son
indépendance et son originalité : donc la contre-partie
exacte d'un guide d'étrangers, qui cache sous son
cartonnage rouge ou vert sombre toute la banalité
des admirations de commande, des dîners de table
d'hôte et des voyages circulaires. Cela ne manque
ni d'utilité, ni d'intérêt, ni même d'agrément. Mais
qui donc ne préférerait mille fois les divines strophes
du *Lac* aux commérages que Beyle recueillit dévotement en Savoie?... Et comment ne pas se demander

si l'art de voyager consiste à recueillir des faits,
des statistiques et des anecdotes, ou à laisser son
âme s'élargir librement pour recevoir des impressions toujours plus nombreuses et toujours plus
vives ?...

Les mêmes qualités qui font l'intérêt des notes de
voyage se retrouvent dans *l'Amour*, quoique ce livre
ait été bien surfait. Avec sa distinction entre l'amour-
passion, l'amour-goût, l'amour physique et l'amour
de vanité ; avec son développement de la fameuse
théorie de la cristallisation ; avec ses subtiles analyses
de caractères et de tempéraments ; avec ses observations infiniment variées et plus ou moins exactes,
l'ouvrage, dans son ensemble, nous apparaît comme
un long paradoxe, assez mal soutenu, fort prétentieux,
et qui enveloppe d'un tissu de faussetés ou d'erreurs
une âme imperceptible de vérité. Mais à chaque
page, on sera arrêté par des pensées dont la variété
déconcerte, dont la richesse étonne. Il y en a de
toutes sortes : les unes sont puériles, les autres
profondes, celles-ci impertinentes, celles-là presque
touchantes ; il en est qui s'imposent, il en est qui
exaspèrent ; on en peut noter dont l'insignifiance
est flagrante, et l'on en trouve qui éveillent en vous
comme un long retentissement. J'en cueille quelques-
unes, au hasard, et qui vont d'un enfantillage assez
naïf à une pénétration vraiment extraordinaire :

« Aimer, c'est avoir du plaisir à voir, toucher,
sentir par tous les sens, et d'aussi près que possible,
un objet aimable et qui nous aime. » — « Il suffit de

penser à une perfection pour la voir dans ce qu'on
aime. » — « L'homme n'est pas libre de ne pas faire
ce qui lui fait plus de plaisir que toutes les autres
actions pénibles. » — « En amour, on ne jouit que
de l'illusion qu'on se fait. »

« Qu'est-ce que la beauté? C'est une nouvelle
aptitude à vous donner du plaisir. » — « Le génie
est un pouvoir, mais il est encore plus un flambeau
pour découvrir le grand art d'être heureux. » —
« J'honore du nom de vertu l'habitude de faire des
actions pénibles et utiles aux autres. » — « C'est une
réflexion commune, mais que sous ce prétexte l'on
oublie de croire, que tous les jours les âmes qui
sentent deviennent plus rares, et les esprits cultivés
plus communs. » — « Une femme appartient de
droit à l'homme qui l'aime et qu'elle aime *plus que
la vie.* »

Je pourrais remplir bien des pages d'exemples
pareils à ceux-ci. On reconnaîtra qu'un tel jaillis-
sement de sentences n'est point un phénomène ordinaire et dénote une activité d'esprit qui, quelque
discutables que soient ses résultats, devient inté-
ressante à force d'être infatigable. Mais on devrait
reconnaître aussi que cet intérêt est le seul de
l'Amour, que Beyle considérait cependant comme le
plus significatif de ses ouvrages, et qui est en effet
celui dans lequel il s'est le plus répandu, le plus
prodigué. On y trouve en germes la plupart de ses
romans et de ses nouvelles. Le mauvais roman de
Lamiel, par exemple, ne semble-t-il pas sorti tout

entier de cet aphorisme : « Souvent un homme
d'esprit, en faisant la cour à une femme, n'a fait que
la faire penser à l'amour et attendrir son âme. Elle
reçoit bien cet homme d'esprit qui lui donne ce
plaisir. Il prend des espérances. Un beau jour cette
femme rencontre l'homme qui lui fait sentir ce que
l'autre a décrit. » Le développement des deux amours
de Julien Sorel se trouve également esquissé dans le
chapitre intitulé *De la naissance de l'amour*, etc. —
En se répétant, et elle se répète, cette observation
finit par mettre en méfiance : on s'aperçoit que la
richesse d'idées de Stendhal est plus apparente que
réelle ; on s'aperçoit même que toutes ses idées sont
des *idées de détails*, qu'on pourrait classer en un
petit nombre de catégories, d'ailleurs assez inco-
hérentes ; on s'aperçoit encore que beaucoup de ces
idées, malgré leurs allures d'extrême sincérité,
d'extrême indépendance, d'extrême hardiesse, sont
entachées de parti pris et de préjugé. Nous le verrons bien plus tard.

Que faudrait-il dire encore si l'on cherchait à
discuter d'une façon plus approfondie les tendances
et la signification de l'ouvrage? Écrire un livre sur
l'amour, c'est à coup sûr la plus séduisante entreprise à laquelle puisse se consacrer un homme qui a
beaucoup aimé, beaucoup souffert, beaucoup observé,
beaucoup senti, et qui, à travers ses observations,
ses expériences, ses joies, ses douleurs, est arrivé à une intelligence exceptionnelle de ce qu'est
l'amour. Mais Stendhal en était-il arrivé là? *A*

priori déjà, on en peut douter : ceux qui aiment
beaucoup, en effet, n'écrivent guère ; don Juan ne
prenait pas de notes ; il y a comme une incompatibilité entre les qualités de l'homme d'amour et celles
de l'homme de pensée, qui ne se comprennent jamais
complétement l'un l'autre, et ne se trouvent à plus
forte raison que bien rarement réunis dans un même
individu. Or, il ne semble pas que Beyle ait été un
de ces êtres privilégiés : autant qu'on en peut juger
par ses propres aveux, il avait plus le désir d'aimer
qu'il n'en avait la puissance ; chez lui, l'imagination
ou la volonté devait sans cesse aiguillonner le cœur ;
mille obstacles intérieurs, que nous avons essayé
de décrire plus haut, empêchaient continuellement
sa très vive sensibilité de se fondre en tendresse.
Dans le fait, il établit volontiers une sorte de parallèle entre ses plaisirs amoureux et ses plaisirs
esthétiques, qui montre que les uns et les autres
sont de même nature, incomplets, un peu faciles,
entachés d'une teinte de médiocrité. Relisez plutôt,
je vous prie, le seizième chapitre de *l'Amour* :

« Je viens d'éprouver ce soir que la musique,
quand elle est parfaite, met le cœur exactement
dans la même situation où il se trouve quand il jouit
de la présence de ce qu'il aime, c'est-à-dire qu'elle
donne le bonheur apparemment le plus vif qui existe
sur cette terre.

« S'il en était ainsi pour tous les hommes, rien
au monde ne disposerait plus à l'amour.

« Mais j'ai déjà noté à Naples, l'année dernière,

que la musique parfaite, comme la pantomime parfaite, me fait songer à ce qui forme actuellement
l'objet de mes rêveries et me fait venir des idées
excellentes : à Naples, c'était sur le moyen d'armer
les Grecs.

« Or, ce soir, je ne puis me dissimuler que j'ai le
malheur *of being too great admirer of lady L..... »*

Pour peu qu'on ait le goût du paradoxe et qu'on
veuille poursuivre le rapprochement, on arriverait à
conclure qu'on sent l'amour de la même façon qu'on
sent la musique : en se rappelant alors que Beyle
n'a jamais eu d'idéal plus élevé que les opéras de
Rossini et les ballets de Viganò; qu'il ne cite pas
même une fois le nom de Beethoven; que Bach
et Hændel lui sont complètement étrangers : on ne
pourrait s'empêcher de croire qu'il n'eût de l'amour,
comme de la musique, qu'une idée frivole et légère.
Fait singulier! cet homme qui reproche sans cesse
avec âpreté à ses compatriotes de ne pouvoir « passer
le *joli* », reste lui-même enfermé dans la même zone.
Quoi qu'il ait dit, le monde des grands sentiments
lui est demeuré étranger : il en a parfois pressenti
l'existence, il n'y est jamais arrivé pour son compte,
et c'est à peine si quelques-uns de ses personnages
ont entrevu ou effleuré ces rives magnifiques où les
dilettanti n'aborderont jamais.

De quelque côté qu'on examine Beyle, on le voit
d'ailleurs s'arrêter, se heurter aux mêmes limites :
toute vive qu'elle est, sa sensibilité ne lui permet
pas de dépasser la médiocre conception de l'amour

dont son livre est l'expression ; pareillement, malgré l'alacrité de son intelligence, il demeure, comme
critique d'art, partial, borné, trop confiant en ses
goûts pour n'en être pas dupe, et, en somme, fort
au-dessous de son époque. Sans doute, quand l'amour
du paradoxe ne l'aveugle pas, son bon sens naturel
lui inspire, de-ci de-là, quelques bons jugements ;
son indépendance d'esprit, lorsqu'elle ne tourne pas
volontairement à l'impertinence, lui fournit quelques
bons arguments contre des préjugés en cours ; comme
nous l'avons vu, il a écrit sur la querelle des classiques et des romantiques des pages qui valent d'être
conservées ; et il a bien pénétré et bien expliqué des
œuvres d'art étrangères — comprises dans une zone
qui s'étend de la musique de Mozart à la peinture
du Corrège, — que la France du commencement du
siècle ne connaissait pas assez ou n'appréciait pas à
leur valeur. Mais ces mérites suffisent-ils à compenser
les flagrantes insuffisances de livres comme *Racine
et Shakespeare* ou l'*Histoire de la peinture en Italie*?
Compensent-ils surtout l'ignorance complète du mouvement littéraire de son temps dans laquelle Beyle
s'enferma résolument, avec le parti pris, dirait-on,
d'être injuste pour tous ceux presque dont il parla?
Quoi donc ! voilà un homme qui arrive à la rescousse
pour soutenir la jeune école ; qui se donne comme
un démolisseur de préjugés, comme un cavalier
d'avant-garde, comme un précurseur ; qui songe à
introduire dans son pays les arts et les littératures
étrangères ; qui détermine lui-même la date à laquelle

la France saura enfin le comprendre et l'apprécier.
Et cet homme — pour nous en tenir à quelques-unes
de ses appréciations les plus frappantes — estime
que le poème de Grossi sur le meurtre de Prina est
« peut-être ce que l'Italie a produit de plus sem-
blable au Dante » ; place l'ode à Napoléon, de Manzoni, au-dessus de l'admirable méditation de Lamartine ; ne sait pas si le premier poète français de
l'époque est Lamartine ou Béranger ; admire Silvio
Pellico à l'égal des plus grands écrivains ; reproche à
la France de Berlioz d'être incapable de comprendre
les beautés sublimes de l'*opera buffa* ; que sais-je
encore ? Des fragments de ses ouvrages qui traitent
de critique littéraire ou de critique d'art, on pourrait
extraire une sorte de bréviaire de cette force-là, qui
paraîtrait d'autant plus insupportable qu'on pourrait aussi rapprocher de tels jugements les passages
où il revendique pour lui seul d'avoir raison, toujours raison, exclusivement raison. En sorte que
cette partie de son œuvre, à laquelle il attachait une
certaine importance, s'écroule en grande partie : le
critique reste inférieur au touriste ; il est surtout —
heureusement — inférieur au romancier, sur lequel
il nous reste à insister encore.

Stendhal nous a laissé trois romans complets, de
valeur inégale, dans lesquels nous retrouverons les
qualités et les défauts que nous avons montrés dans
les autres ouvrages, mais qui, soit par leur mérite,
soit par les discussions qu'ils ont soulevées, ont pris
une importance beaucoup plus considérable.

Le premier, *Armance*, parut en 1827, chez un
libraire ami des « jeunes » qui eut l'honneur d'être
exploité par Victor Hugo et fit faillite sans que
personne en fût étonné, le bon Urbain Canel. On
ne parle pas souvent de ce livre de début, on ne le
lit guère, et c'est dommage : il a presque autant de
signification que *le Rouge et le Noir* ou *la Chartreuse
de Parme* et il a, en plus, une tendresse, une certaine fraîcheur juvénile, une grâce délicate et retenue
dans les sentiments et dans leurs expressions, qui
lui donnent un véritable charme.

Armance porte en sous-titre : *Quelques scènes
d'un salon de Paris en 1827.* On s'attend donc à
un roman de mœurs. Mais on se tromperait gran-
dement si l'on tentait, d'après ce livre, de décrire
les salons de la Restauration. On y tient, c'est vrai,
quelques conversations politiques; les questions
du jour remplissent le fond du tableau; quelques
figures secondaires ressemblent plus ou moins à
des portraits de l'époque. Mais le premier plan est
rempli par deux êtres exceptionnels, « singuliers »,
comme disait l'auteur, placés dans des conditions
particulières de sensibilité et d'intelligence, supérieurs à leur milieu dont ils sont mécontents,
désorientés par un permanent désaccord entre leurs
aspirations et leur position. Ni Octave de Manivert
ni Armance de Zohiloff ne représentent la société
française en 1827 : ils y sont isolés, comme
Stendhal, malheureux, condamnés à souffrir, non
par les circonstances extérieures, mais par leur

propre caractère, par leur vanité maladive, par leurs imaginations romanesques, même par leur noblesse d'âme qui les empêche à la fois d'accepter la vie telle qu'elle s'offre à eux, et de se l'asservir. Ce sont des parents éloignés, diminués, affaiblis des héros de Byron, dont ils n'ont pas la grandeur tragique : par moments, Octave fait penser à un Lara de bonne compagnie, aux instincts adoucis, aux désespoirs atténués, dépourvu de poésie, de pittoresque, de grandiloquence, mais splénétique, passionné, contenu et un peu fou, comme son illustre modèle. Il vit retiré en lui-même, d'une vie intense dont il fait tous les frais; la vie réelle l'impatiente, comme si elle venait « le distraire et l'arracher d'une façon importune à sa chère rêverie »; il est épris d'indépendance, de loyauté, d'honneur, et pourtant susceptible d'une « profondeur de dissimulation incroyable à cet âge ». Il est mystérieux : s'il dîne au restaurant tout seul, il s'enfonce dans un cabinet, et n'oublie pas de brûler les deux journaux qu'il a lus, qui ne sont probablement ni *le Moniteur* ni *la Quotidienne*. La haute opinion qu'il a de lui-même et la peur d'être dupe, l'empêchent d'aimer : lorsqu'il a découvert qu'il est épris de sa cousine Armance, il est saisi d'un véritable accès de désespoir : « J'aime, « se dit-il d'une voix étouffée; moi, aimer! grand « Dieu ». Et le cœur serré, la gorge contractée, les yeux fixés et levés au ciel, il resta immobile comme frappé d'horreur; bientôt après il marchait à pas précipités. Incapable de se soutenir, il se laissa tomber sur le

tronc d'un vieil arbre qui barrait le chemin, et dans
ce moment il lui sembla voir encore plus clairement
toute l'étendue de son malheur. « Je n'avais pour
« moi que ma propre estime, se dit-il, je l'ai perdue. »
L'aveu de son amour, qu'il se faisait bien nettement
et sans trouver aucun moyen de le nier, fut suivi de
transports de rage et de cris de fureur inarticulés.
La douleur morale ne peut aller plus loin. »

La personne qui lui a inspiré ce sentiment,
Armance de Zohiloff, est une orpheline pauvre,
recueillie par une parente riche. Plus réellement
sensible qu'Octave, plus sincèrement éprise, plus
tendre, moins vaniteuse, mais aussi romanesque,
elle ne se résigne pas non plus à s'abandonner à
son amour, ayant d'ailleurs, pour lui résister, des
motifs plus spécieux que ceux d'Octave. Elle se dit :
« .... Je passerai dans le monde pour une dame de
compagnie qui a séduit le fils de la maison. J'entends
d'ici ce que dirait Mme la duchesse d'Ancre et
même les femmes les plus respectables, par exemple
la marquise de Seyssins, qui voit dans Octave un
époux pour l'une de ses filles. La perte de ma réputation serait d'autant plus rapide que j'ai vécu dans
l'intimité de plusieurs des femmes les plus accré-
ditées de Paris. Elles peuvent tout dire sur mon
compte, elles seront crues. Ciel! dans quel abîme
de honte elles peuvent me précipiter! et Octave
pourrait un jour m'ôter son estime, car je n'ai
aucun moyen de défense. Où est le salon où je
pourrai élever la voix? Où sont mes amis? Et d'ail-

leurs, après la bassesse évidente d'une telle action,
quelle justification serait possible! Quand j'aurais
une famille, un frère, un père, croiraient-ils jamais
que si Octave était à ma place et moi fort riche, je
lui serais aussi dévouée que je le suis en ce moment?... » Armance diffère d'Octave en ceci, que ce
n'est point par amour-propre qu'elle ne veut pas
l'aimer, mais par tendresse, par crainte qu'il cesse
de l'aimer un jour en doutant d'elle. Elle est d'ailleurs tout aussi méfiante, tout aussi inquiète, et plus
incertaine.

L'amour qui se développe chez ces deux êtres est
une lutte fort compliquée, et que compliquent encore
certaines intrigues et certains incidents. Ils ont en
effet à combattre contre les préjugés dont ils risquent d'être victimes; contre des obstacles exté-
rieurs, la famille d'Octave désirant pour lui une
alliance plus brillante que celle de Mlle de Zohiloff;
enfin contre eux-mêmes, puisqu'ils ne veulent ni
l'un ni l'autre céder à leur sentiment, que, pour des
raisons diverses, ils considèrent comme une sorte
d'ennemi, comme une maladie à laquelle ils opposent
toutes les forces de leur organisme moral. Ce conflit
est étudié avec une sagacité surprenante. Au premier abord, les caractères des deux héros choquent
par d'apparentes invraisemblances; mais de page en
page, ils se dégagent, ils s'affirment, ils s'imposent.
Dans ces deux êtres ombrageux, renfermés parfois
jusqu'à la sournoiserie, se développent peu à peu les
qualités les plus rares : une tendresse profonde, un

courage qui va jusqu'à l'héroïsme, une confiance
d'autant plus touchante qu'elle a eu plus de peine à
naître, une délicatesse d'âme infinie. L'auteur même
en participe : dans les dernières pages, dans le récit
du suicide d'Octave qui a eu la suprême faiblesse
de croire à une calomnie contre Armance, l'observateur s'attendrit, le psychologue s'oublie, et le livre
s'achève dans une émotion très triste et très humaine,
ouvrant l'espace à des réflexions bien différentes de
celles que suggérera *le Rouge et le Noir*, aux innombrables et vagues pensées qui peuvent flotter autour
d'une histoire de cœur, douloureuse, blessée, que
termine quelque chose d'infiniment plus triste que
la mort : un malentendu suprême, un éternel regret,
un problème qui défie la raison. En sorte que sans
avoir peut-être une importance égale à celle des
deux romans qui lui succédèrent, *Armance* est plus
agréable, et de meilleure lecture : on dirait qu'en
l'écrivant Stendhal a réussi, comme Octave quand
lui échappe l'aveu de son amour, à réprimer ses
pires instincts et les défauts de cœur qui gâtent
son talent comme ils ont gâté son caractère. Il s'est
abandonné, lui qui jamais ne s'abandonne; il s'est
laissé entraîner par son sujet au lieu de craindre
d'en être dupe; il a été lui-même parce qu'il oubliait
de vouloir l'être. Cette sincérité presque naïve, cette
simplicité, cet abandon, on les cherchera en vain
dans les autres œuvres.

Trois ans après *Armance*, en 1830, parut *le Rouge
et le Noir*. L'auteur était à Trieste, où il s'ennuyait à

périr : « Je n'ai su qu'il y a huit jours l'apparition
du *Rouge*, écrivait-il à une de ses amies. Dites-moi
tout bonnement le mal que vous pensez de ce plat
ouvrage, assez conforme aux règles académiques,
et, malgré cela peut-être, ennuyeux. » On peut croire
que la réponse ne fut point un compliment, car,
deux mois plus tard, il écrivait à la même personne :
« Toutes les femmes de nos amies se reconnaissent
dans ma dernière rapsodie. Grand Dieu ! est-ce que
jamais j'ai monté à votre fenêtre par une échelle ?
Je l'ai souvent désiré sans doute, mais enfin, je vous
en conjure devant Dieu, est-ce que jamais j'ai eu
cette audace ?... » On peut croire également que,
malgré le ton détaché dont il parle de son œuvre à
une aimable femme qui en avait été froissée, Beyle
la tenait en haute estime : à la même époque, en
effet, dans une lettre du 17 mars adressée au baron
de M..., raisonnant sur l'état des esprits en France,
et médisant des ministres, il cite son propre héros
comme un type : « Comment voulez-vous que deux
cent mille Julien Sorel, qui peuplent la France, et
qui ont l'exemple de l'avancement du tambour duc
de Bellune, du sous-officier Augereau, de tous les
clercs de procureurs devenus sénateurs et comtes de
l'Empire, ne renversent pas les niais susnommés ?... »
Ces quelques phrases, qui ont peut-être plus qu'on
ne s'en douterait un sens d'apologie, pourraient,
jusqu'à un certain point, servir à marquer la signification du *Rouge et Noir*. Les amis de Stendhal ne
s'y sont pas trompés : sans être une autobiogra-

phie, ce roman renferme pourtant une large part de
confession personnelle, en ce sens que l'auteur et le
héros sont bien des êtres de même espèce ; en même
temps, Julien Sorel est un type, qui, trop « singulier »
pour être universel, est cependant général malgré
ses singularités : certainement, il n'y avait pas deux
cent mille Julien Sorel dans la France de la Restauration, pas plus qu'il n'y avait deux cent mille
Stendhal ; mais il y avait à coup sûr deux cent mille
jeunes gens, peut-être davantage, dont Julien Sorel
était l'image idéalisée, ou plutôt *génialisée,* si l'on
veut bien tolérer ce mot.

Dans la première édition, le livre portait en sous-
titre : *Chronique du* XIXe *siècle.* C'était peut-être à la
fois, dans l'esprit compliqué de Stendhal, une indi-
cation du but qu'il s'était proposé, et une imitation
inconsciente de Mérimée, qui venait de publier sa
Chronique du règne de Charles IX (1829). Ce sous-
titre, d'ailleurs fort large, respectait le mystère
quasi symbolique du titre principal, dont la bizarrerie a froissé beaucoup de critiques. Et pourtant,
comme le sens en paraît clair et précis, après lecture
de l'ouvrage ! comme ces deux mots font nettement
ressortir l'intention dominante de l'auteur ! Dans sa
pensée, en effet, la France du jour, celle de Charles X,
de la réaction monarchique et religieuse, du ministère de Villèle (M. de Nerval), du règne des congrégations, se trouve en opposition directe avec la
France de la veille, celle de Napoléon, des grandes
guerres et de la gloire militaire. Les hommes de

l'âge de son héros, pénétrés des grands souvenirs de celle-ci, hantés par les puissantes ambitions que l'épopée impériale avait tenues en éveil, en sont réduits à se contenter de ce que peut leur offrir celle-là. La soutane remplace donc l'épée : elle ne donnera jamais, c'est vrai, le bâton de maréchal, mais elle peut conduire aux portefeuilles ministériels. Le jeune homme pauvre, d'humble extraction et de grand cœur, qui moins de vingt ans auparavant aurait « fait son chemin » sur les champs de bataille, en est réduit à entrer dans les ordres, sans foi, parce qu'il n'a pas d'autre choix, parce que l'état ecclésiastique peut seul remplacer l'état militaire. — Il ne serait point difficile de soutenir que l'auteur s'est trompé sur sa propre époque ; que beaucoup de jeunes gens pauvres ont « fait leur chemin » sous la Restauration sans s'astreindre aux hypocrisies de son héros ; qu'il s'est exagéré comme à plaisir l'influence des Jésuites et des congrégations, la mauvaise foi du gouvernement de Charles X, l'importance de la soutane, la nécessité d'être sournois. Mais on reconnaîtra que son titre, malgré sa bizarrerie apparente, marque admirablement la distinction qu'il a voulu établir et dit tout ce qu'il faut dire.

Par malheur, si le titre atteint exactement son but, il n'en est pas de même du roman.

Nous l'avons déjà constaté à plus d'une reprise, Stendhal ne comprenait pas son époque : il voyait, il jugeait la France de la Restauration à travers ses

passions de jacobin bonapartiste. Aussi ne restait-il
guère fidèle à la définition du roman qu'il avait
adoptée : un miroir qu'on promène le long d'une
grand'route en laissant toutes sortes d'images s'y
réfléchir au hasard des rencontres. Son miroir était,
d'avance, rempli d'images que ses préjugés et ses
partis pris avaient dessinées. A chaque instant, sous
l'observateur qui affecte des allures désintéressées,
paraît le pamphlétaire, le contemporain et l'admi-
rateur de Manuel, de Béranger, de Paul-Louis
Courier, l'auteur de la brochure satirique intitulée :
D'un nouveau complot contre les industriels, que
publia *le Globe*, et dont les tendances sont toutes
pareilles à celles du *Rouge et Noir*. En dehors des
quatre figures principales du roman (Julien, Mme de
Rénal, le marquis de la Môle et Mathilde), les
personnages de second plan ne sont guère que des
caricatures : ils sont dessinés en quelques traits,
marqués d'un ridicule, d'un travers, d'un vice ou
d'un défaut qui les absorbe tout entiers, comme s'ils
avaient été vus d'un seul coup d'œil superficiel.
Leurs intrigues semblent inventées par un homme
qui ne saurait rien du monde, d'une mesquinerie
invraisemblable à force d'être inutile, et d'une
roublardise d'enfant : ainsi les chapitres relatifs au
séminaire de Besançon ou à la « note secrète », et
presque tous ceux qui traitent de politique. Beyle y
développe le côté maladif de sa nature, cette peur
des « espions » qui frise parfois le délire des persé-
cutions et qui se distrait ou s'évite à travers des

précautions puériles, d'une ruse de collégien. Il a voulu décrire l'Église, la politique, le monde, la bourgeoisie et le peuple : c'est bien là l'évidente intention de sa *Chronique du XIX° siècle*; et il ne nous a montré qu'un certain nombre d'originaux, choisis dans ces grandes classes, mais qui ne représentent qu'eux-mêmes. Des êtres aussi *différents*, comme il disait, ne peuvent être intéressants ou significatifs qu'à condition d'être étudiés de très près : esquissés, ils n'ont plus de sens, comme MM. de Lus, de Croisenois, etc., ou perdent tout relief, comme l'abbé Castanède ou M. de Valenod. En réalité, Stendhal était trop personnel, trop généralement absorbé par l'étude de son Moi, pour faire un roman de mœurs : il n'excelle qu'à se mettre en scène, lui, et peut-être les femmes qui l'ont occupé.

Le Rouge et le Noir n'est donc pas un tableau complet de la France de la Restauration : il n'en est pas moins un document des plus précieux sur l'état d'esprit des jeunes gens pendant cette période; mais surtout le personnage dont il nous donne la longue monographie demeure une des figures les plus curieuses qu'aucun romancier ait jamais conçues :

Julien Sorel n'est autre chose qu'un portrait de Stendhal, qui s'est représenté, en son héros, tel qu'il se connaissait ou croyait se connaître, tel qu'il désirait être, tel qu'il désirait paraître. Aussi le personnage est-il, comme l'auteur, le plus singulier

mélange qu'on puisse souhaiter d'originalité naturelle et voulue, de sincérité et de « pose », de clair-
voyance et d'illusion, de dissimulation et d'abandon.
Cette complexité a été fort admirée : elle serait plus
admirable encore si l'auteur ne lui avait imposé une
certaine logique, une certaine régularité bien arti-
ficielles. Stendhal promène son Julien Sorel à travers
les passions à peu près comme un stratégiste en
chambre suit les opérations d'une armée en piquant
de petits drapeaux sur une carte : lorsqu'on regarde
la carte ainsi constellée, on peut sans doute suivre
les mouvements des armées; mais l'imprévu en a
disparu. Dans le jeu des passions, il y a toujours
une grande part laissée au hasard : Beyle n'en tient
presque aucun compte. Dans le développement d'un
caractère, la ligne droite se brise à chaque instant :
chez Julien, elle est ininterrompue. Son roman est
une partie d'échecs bien réglée, où chaque coup est
fatal, sauf le dernier, l'accès de colère passionnée et
de vengeance irraisonnée qui le pousse à tirer sur
son ancienne maîtresse pour la punir de sa lettre
accusatrice. Et cet acte, injustifié, instinctif, souverainement deraisonnable, est destiné, dans la pensée
de Stendhal, à le laver de toutes ses hypocrisies,
de toutes ses compromissions, à achever de transformer l'homme « différent » qu'on a jusqu'alors
connu en un homme vraiment supérieur : c'est, en
effet, une « folie pour rien »; et « faire des folies
pour rien » paraît être la loi fondamentale de la
morale « beyliste » et la première de ses vertus. Or,

au cours de sa vie si mouvementée. Julien n'a jamais
pu réaliser complètement cette condition de sain-
teté : il s'en est approché à plus d'une reprise,
quand il prenait, par exemple, la main de Mme de
Rénal en présence de son mari, ou quand il venait
la voir en quittant le séminaire, ou quand il appli-
quait l'échelle du jardinier contre le balcon de
Mathilde de la Môle : mais ces actes d'imprudence
étaient, chez lui, volonté autant qu'amour, calcul
plus qu'abandon : il craignait de se mépriser, et ris-
quait sa vie avant tout pour se prouver qu'il n'avait
pas peur. A la fin seulement, il appartient bien réellement à sa passion, et, au moment où la vie va lui
être enlevée, il en jouit à sa manière, enfin, pleine-
ment, jusqu'à répondre aux amis qui cherchent à
le sauver : « Laissez-moi ma vie idéale. Vos petites
tracasseries, vos détails de la vie réelle, plus ou
moins froissants pour moi, me tireraient du ciel. On
meurt comme on peut; moi je ne veux penser à la
mort qu'à ma manière. Que m'importent *les autres?*
Mes relations avec *les autres* vont être tranchées
brusquement. De grâce, ne me parlez plus de ces
gens-là : c'est bien assez de voir le juge et l'avocat. »
— Il y a, certes, une incontestable grandeur dans la
conception d'un tel caractère, si résolument excep-
tionnel; le malheur est que derrière chaque acte
de Julien Sorel, on devine la main directrice de
Stendhal, dont on reconnaît aussi l'esprit dans
chacune de ses pensées. On sait toujours qu'on lit
un livre, et, jusqu'au bout, l'on doute de sa vérité.

Composée l'année même où parut *le Rouge et le Noir*, *la Chartreuse de Parme* ne fut publiée qu'en 1839, et fut alors jugée supérieure aux autres ouvrages de Stendhal. La lecture en est, en effet, plus facile, comme le cadre en est plus pittoresque : Beyle éprouve un plaisir, qu'il fait partager, à décrire les mœurs, les intrigues, la société, les caractères de cette Italie du commencement du siècle, qu'il aimait tant — qu'il aimait trop, serions-nous tentés de dire, — qu'il voyait à travers un mirage, où il avait vécu dans un rêve éveillé d'artiste et d'amoureux. Là, se trouvait encore, ou du moins il trouva la passion telle qu'il la comprenait : primesautière, absorbante, imprudente, téméraire, surchauffée par le soleil du ciel et par celui des cerveaux ; des caractères énergiques, entreprenants, irréfléchis, marqués, croyait-il, au sceau de la Renaissance, pareils au Benvenuto Cellini des *Mémoires* (dont le sceptique naïf qu'il était ne suspecta jamais la bonne foi, capables, dès le début de leur vie, comme Julien Sorel à la fin de la sienne, de « faire des folies pour rien » ; des Jésuites et des congréganistes plus authentiques et plus dangereux que ceux qu'il voyait partout en France, comme un ministre des cultes au temps du *Kulturkampf*; des intrigues de politique que conduisaient de petits princes restaurés ; des diplomates autrichiens, des cardinaux, des officiers de justice, des femmes, des conspirateurs, des carbonari ; bref, tout un personnel compliqué, disparate, animé de sentiments violents, capable d'héroïsme dans le sacrifice, dans l'ambition, dans la dissimulation, qui lui plaisait tout particulièrement. Ajoutez que ce personnel se mouvait dans le décor préféré de son dilettantisme, autour de monuments dont il admirait toutes les pierres, dans des sites qui l'enchantaient; qu'il parlait sa langue favorite et se délectait tous les soirs des musiques qui le faisaient se pâmer. Ajoutez encore que Beyle avait vu de près quelques-uns des événements qu'il mêle à la trame de son roman; que le récit de ces événements lui fournissait l'occasion de dérouler ses meilleurs souvenirs, ceux de ses premières armes, de son premier duel, de ses premières amours; qu'il devait décrire la bataille de Waterloo à travers ses impressions de la campagne d'Italie, de même qu'il prêtait à son héroïne, la comtesse Pietranera, les traits et jusqu'à la moitié du nom de cette Angelina Pietragrua dont il s'était épris dès son premier séjour à Milan. Vous comprendrez alors que *la Chartreuse de Parme* ait un charme, un abandon, une sincérité qui manquent souvent au *Rouge et Noir*, dont certaines parties sont cependant d'une exécution beaucoup mieux réussie. Le défaut le plus choquant de Beyle, dans ses meilleurs ouvrages, c'est celui que trahit sa physionomie : une tension constante, têtue, irritée, une combativité toujours prête et si volontiers agressive. Dans certains morceaux de *la Chartreuse*, ce défaut s'atténue presque jusqu'à disparaître : l'arrivée de Fabrice à l'armée de Napoléon et son amour, dans la prison, pour Clélia Conti

sont des pages émouvantes, et doucement émouvantes, où le terrible « homme d'esprit » qui les
écrivit s'oublie et laisse entrevoir son cœur.

Ce n'est point à dire qu'on ne retrouve pas dans
la Chartreuse quelques-uns des défauts les plus
désagréables de l'autre livre. Fait singulier! Beyle
était d'une intelligence assez étendue, et ses trois
romans, auxquels on peut encore ajouter *le Chasseur vert*, qu'il n'acheva pas, ne roulent, en dernière
analyse, qu'autour d'un petit nombre de sentiments
et d'idées, incarnés en un petit nombre de personnages, qui changent de nom sans changer d'âme :
Octave de Manivert, Julien Sorel, Fabrice del
Dongo, Lucien, voilà quatre portraits de Stendhal
par lui-même. On dirait qu'usant d'un procédé expérimental, quoique peu rigoureux, il s'est en imagination transporté dans quatre milieux différents, en
se demandant comment il aurait dû s'y comporter
pour conserver ou augmenter sa propre estime. Il
s'est vu tour à tour appartenant à cette aristocratie
qu'il haïssait, puis sorti de la classe pauvre et me-
nacé d'être confiné dans les ordres, puis cadet de
famille en Italie, puis fils unique d'un riche financier.
Comment rester soi-même dans des conditions si
diverses? Comment y satisfaire sa soif d'amour, son
besoin d'action, son énergie? Comment y conserver
fraîche sa sensibilité et intacte son admiration pour
Napoléon? C'est là, dirait-on, tout le problème
qu'il s'est posé : et les ingénieux développements à
travers lesquels il l'a résolu, ont suffi à faire de lui

le dieu des « psychologues ». Tant il y a d'incertitude, d'affectation, d'enfantillage dans la prétendue science du cœur humain que poursuit cette littérature, qui, lorsqu'elle abdique toute pédanterie, est peut-être encore, malgré tout, la plus désintéressée et la plus noble!

Autour de ce personnage central, qui ne change jamais que de cadre et de nom, Stendhal a placé, en les habillant tour à tour en grandes dames, en bourgeoises, en jeunes filles, les femmes qu'il avait aimées. Nous en avons compté onze, d'après les aveux de sa *Correspondance*, de son *Journal* et de ses articles nécrologiques. Dans les romans, nous n'en retrouvons guère que trois, les autres étant seulement esquissées. Ce sont :

1° La femme gaie et passionnée : Mme d'Aumale et la duchesse de Sanseverino;

2° La femme passionnée et tendre : Armance de Zohiloff, Mme de Rénal, Clélia Conti, et probablement, si le portrait avait été achevé, Mme de Chasteller;

3° La femme au cœur sec, que l'imagination seule entraîne à la passion : Mathilde de la Môle.

Le second groupe est le plus important. Passionnées et tendres, en effet, telles furent, après Mélanie Guilbert, les femmes que Stendhal aima; ou du moins, ce fut ainsi qu'il se les figura, quoique sans être jamais bien sûr de ne pas se tromper. On ne peut s'empêcher de s'étonner que ce sagace observateur n'ait pas su introduire, si j'ose m'exprimer ainsi,

plus de variétés dans l'espèce : il n'y a pour ainsi
dire aucune différence appréciable entre Mme de
Rénal et Clélia Conti; et Mme de Chasteller, autant
qu'on en peut juger, n'aurait été qu'une deuxième
édition d'Armance de Zohiloff. Celle-ci diffère un
peu des deux autres, mais plus par ses manières
que par son âme. Faut-il reprocher à Stendhal cette
monotonie, faut-il en conclure à l'infériorité ou à l'insignifiance relatives de son talent? Je ne le crois pas.
Elle est inévitable : nous ne voyons les gens, comme
les choses, qu'à travers nous-mêmes, et si la nature
a des aspects variés à l'infini, nous la simplifions
en la réfléchissant. Seuls, les génies tout-puissants,
ceux qu'on compte par unités dans l'histoire, ont
eu le don de comprendre et de reproduire cette
variété; et Stendhal, tout *différent* qu'il voulait être
et qu'il fut de la moyenne humaine, et malgré ses
rares qualités, n'était pas de ceux-là.

Quant aux figures secondaires, elles sont, dans *la
Chartreuse*, aussi insuffisantes que dans *le Rouge et
le Noir*. Les unes et les autres, d'ailleurs, se corres-
pondent aussi bien que les personnages de premier
plan. Le fiscal général Rassi est intéressé et vulgaire, comme M. de Valenod; le général Conti est
intrigant et vulgaire, comme M. de Rénal; le comte
Mosca a l'intelligence, la distinction et la faiblesse
du marquis de la Môle; il n'y a pas jusqu'à l'excellent abbé Blanès qui, avec la superstition et l'astro-
logie en plus, ne rappelle par bien des traits ce bon
curé Chélan. Ces figures, simples esquisses ou des-

sins un peu plus « poussés », ne servent guère
d'ailleurs qu'à insister sur les quelques idées que
Stendhal ramène dans ses romans, et dont le nombre, comme la portée, est assez limité.

A ces trois romans, il faut ajouter, outre quelques
nouvelles, *le Chasseur vert*, qui malheureusement
n'a pas été achevé. Dans le plan de l'auteur, il s'agissait d'un ouvrage considérable, en cinq volumes,
dont le titre même n'était pas arrêté, Beyle hésitant
entre *Leuwen*, *l'Orange de Malte*, *les Bois de Prémol*,
et celui que ses éditeurs ont choisi. La première
partie, que nous possédons seule, fut composée en
1833 et 1834, et corrigée en 1836. Elle est très développée et très soignée, sans cependant que les
longues analyses qui la remplissent en ralentissent
l'intérêt. Moins véhément que *la Chartreuse de
Parme*, moins « singulier » que *le Rouge et le Noir*,
le Chasseur vert, si nous en jugeons par le fragment
qui nous en reste, aurait été le livre le plus pondéré
de Stendhal, et peut-être bien le plus significatif.
Le thème en est celui auquel il revenait toujours :
l'état d'esprit des jeunes gens que la chute de Napoléon avait laissés désœuvrés et désorientés, incarné
dans un être de sensibilité plus vive, d'intelligence
plus distinguée, d'imagination plus active que la
moyenne de ses contemporains. Le héros, Lucien
Leuwen, fils d'un riche financier, avait été chassé
de l'École polytechnique, en 1832, « pour s'être
allé promener mal à propos, un jour qu'il était con-
signé, ainsi que tous ses camarades ». N'ayant plus

de carrière ouverte à son ambition, **il s'ennuie**, et
se désole, et finit par entrer comme **sous-lieutenant**
dans un régiment de lanciers, en garnison à Nancy.
Il ne se berce d'aucune illusion sur les agréments de
la vie militaire en temps de paix, qu'il a cependant
choisie, parce qu'il voulait faire quelque chose et
ne savait quoi. Il s'y est décidé, ou résigné, après
beaucoup d'hésitations; et une fois son sort décidé,
il part sans le moindre enthousiasme, en monolo-
guant de la sorte :

« .... Je ne ferai la guerre qu'aux cigares; je
deviendrai un pilier de café militaire dans la triste
garnison d'une petite ville mal pavée; j'aurai, pour
mes plaisirs du soir, des parties de billard et
des bouteilles de bière, et quelquefois, le matin, la
guerre aux tronçons de choux contre de sales
ouvriers mourant de faim.... Tout au plus je serai
tué comme Pyrrhus, par un pot de chambre une
tuile, lancé d'un cinquième étage, par une vieille
femme édentée! Quelle gloire! Mon âme sera bien
attrapée lorsque je serai présenté à Napoléon, dans
l'autre monde.

« — Sans doute, dira-t-il, vous mourriez de faim,
« pour faire ce métier-là? — Non, général, je croyais
« vous imiter. »

Les choses se passent assez exactement comme
Lucien l'avait prévu, à cela près qu'à l'ennui de
l'inaction, des manœuvres et du café, s'ajoutent les
tracas de basses intrigues politiques et jésuitiques.
Cependant, il découvre à Nancy une personne aux

allures mystérieuses, au cœur très haut, sur laquelle
planent de vilaines calomnies, Mme de Chasteller.
Il s'éprend d'elle, au moment où le roman est inter-
rompu.

Comme on le voit, *le Chasseur vert* aurait été la
suite morale du *Rouge et Noir*, et l'on aurait vu
continuer, dans la génération qui succède à celle
de Julien Sorel — celle-là même qui devait ramener
en triomphe aux Invalides les cendres de Napoléon
— les mêmes dispositions ambitieuses et dignes, le
désenchantement, le désœuvrement que Beyle vit
toujours autour de lui, peut-être parce qu'il les portait en lui-même.

Tout inachevé qu'il est, ce roman ne saurait être
négligé. Nous n'en dirons pas autant de *Lamiel*, que
Stendhal n'avait pas pris la peine de relire et qu'il
aurait probablement détruit, s'il l'avait relu. En
laissant aussi de côté ses nouvelles, on se trouve
cependant devant un groupe d'œuvres assez considérable et très homogène, dont il nous reste à marquer rapidement les tendances communes.

En établissant plus haut le bilan intellectuel du
penseur, nous avons déjà noté à peu près toutes les
idées dont le romancier s'inspirera.

La principale, la plus significative aussi, c'est
celle de l'importance de la passion. Elle lui fournit
ses intrigues, ses caractères, ses péripéties, ses
dénouements; elle est sa foi, sa religion, sa vertu.
C'est celle qui donne à ses héros leurs allures paradoxales, à ses situations leurs revirements inat-

tendus. Ses personnages de premier plan, à leur
entrée en scène, sont toujours en quête d'une passion : le roman commence aussitôt qu'ils l'ont
trouvée, et elle le remplit. Et c'est peut-être moins
encore le psychologue qui l'examine que le dilettante qui s'en délecte. Octave, Julien, Fabrice, —
Beyle les admire bien plus qu'il ne les étudie. On
peut être sûr que pas un instant il ne les trouve ni
ennuyeux, ni ridicules : il goûte à les mouvoir un
plaisir un peu pareil à celui que lui procuraient les
ballets de Viganò ou la musique de Rossini. — Épris
de la passion, Stendhal l'est aussi de la liberté,
peut-être parce qu'elle est nécessaire au développement de la passion. L'être humain qui l'intéresse
doit se déployer en dehors de toute contrainte : les
usages, la civilisation, les lois, le gouvernement,
sont pour lui des ennemis naturels. S'il ne peut pas
les braver par la force, qu'il les brave par l'hypocrisie! Cela vaut toujours mieux que de leur obéir.
— Ce culte de la passion a pour corollaire un mépris
profond de l'ascétisme, considéré comme la pire des
faiblesses et la plus stupide des sujétions : de là,
une robuste haine contre l'Église, ses prescriptions,
ses cérémonies et ses dignitaires. — Ajoutez à ces
trois éléments un sentiment très juste de la lutte
pour la vie, dont on n'avait pas encore découvert la
loi, et vous aurez à peu près toute la matière des
romans de Stendhal : inspirer aux personnages que
nous avons appris à connaître une passion vive; les
mettre en lutte contre les forces despotiques de leurs

milieux; les heurter contre l'Église, qui sert leur
ambition ou lui fait obstacle, voilà l'analyse abs-
traite, le résidu de *la Chartreuse de Parme* et du
Rouge et Noir. On trouvera peut-être que c'est là
un cadre bien étroit, surtout si on le compare à celui
qu'à la même époque Balzac inventait pour son
œuvre. C'est vrai. Et pourtant, dans ce cadre étroit,
Beyle a su dessiner des portraits curieux de quelques exemplaires significatifs, quoique exceptionnels, d'une génération désemparée et malheureuse.

Les procédés de composition et d'arrangement
qu'il a employés lui appartiennent bien en propre.
Il se rattache à la tradition du roman d'analyse, tel
que l'avaient pratiqué les conteurs français du xviie
et du xviiie siècle. Il le savait bien : « En vous pré-
parant tous les matins par la lecture de vingt pages
de *Marianne*, de Marivaux, disait-il, vous comprendrez les avantages qu'il y a à décrire juste les mouvements du cœur humain ». Je n'oserais affirmer
qu'il réussit toujours à « décrire juste » ces mouvements du cœur qu'il avait l'ambition de noter.
En tout cas, il les décrivit minutieusement et spé-
cieusement, et aucun de ses précurseurs, dans un
genre dont il est encore le maître, n'a déployé plus
d'ingéniosité, plus de pénétration apparente, n'a
tiré des effets plus saisissants de la description des
luttes intimes, des batailles d'idées logiques ou folles
qui surgissent dans une âme agitée. La naissance de
l'amour chez Mme de Rénal et chez Clélia Conti;
les angoisses de Julien Sorel au moment de monter

chez Mathilde de la Môle ; l'amour d'imagination qu'il
éprouve pour elle lorsqu'elle le dédaigne ; les angoisses de la duchesse Sanseverino lorsque Fabrice
est arrêté et en danger de mort ; mais, surtout, la
tendresse ascendante de Fabrice pour Clélia, — ce
sont là des morceaux surprenants, et qui n'ont peut-
être pas d'équivalent dans le roman français. Ils sont
exécutés avec un art tout personnel, entièrement
indépendant, dédaigneux des règles et des habitudes, un art extra-littéraire, un art de joueur
d'échecs ou de mathématicien, qui échappera toujours, je crois, aux esprits disciplinés à la rhétorique. Les mots et les phrases sont maniés comme
s'il n'existait ni dictionnaire ni syntaxe. Il n'est pas
jusqu'aux alinéas qui ne soient placés d'une façon
tout à fait arbitraire, au point, parfois, d'obliger à
un redoublement d'attention. Quant au style, entièrement dépourvu de toute qualité plastique, il ne
vise qu'à la stricte exactitude et à la concision ;
mais cette passion d'exactitude et de concision
entraîne quelquefois Stendhal à des hardiesses que
ne désavoueraient pas quelques-uns de nos écrivains les plus récents, comme dans cette phrase :
« Ce jeune prélat fut effrayé sans doute *des yeux
tendres que fixait sur lui la timidité de Julien...* ».

Ou encore : « Cette sorte d'examen jetait un peu
d'intérêt *dans le diner Gran...* ».

Publiés entre 1827 et 1840, pendant les années
mêmes où paraissaient les œuvres capitales de
Lamartine, d'Alfred de Vigny, de Victor Hugo,

d'Alexandre Dumas, d'Alfred de Musset, de Balzac,
les romans de Stendhal, imités de loin par Mérimée,
constituent, dans le grand mouvement littéraire qui
entraînait la France, une véritable anomalie, une
espèce d'anachronisme : par quelques traits, ils
rappellent le siècle écoulé, tandis que, par d'autres,
ils annoncent la fin du siècle qui court ; ils pro-
testent avec une impertinence agressive contre les
solennités et les prétentions du romantisme ; ils sont
une sorte de trait d'union entre les formes littéraires de la veille et celles du lendemain, qui biffe
insolemment toute l'école à la mode. C'est pourquoi,
peut-être, la critique officielle les rejette comme des
hors-d'œuvre, comme des excroissances qu'on ne
saurait classer et qu'il est donc loisible de passer
sous silence Nisard ne les cite même pas : tandis que
les écrivains, ceux surtout qui ont cherché leur voie
en dehors des traditions, et les dilettanti épris d'indépendance, se sont, comme nous allons le voir, beaucoup passionnés pour eux, et les ont souvent imités.

V

L'INFLUENCE DE STENDHAL

Stendhal aime à répéter qu'il écrit pour cent lecteurs, que ses livres moisissent chez les libraires,
qu'il sera compris vers 1880. Ses admirateurs de
l'année prédite en ont conclu qu'il n'eut, de son
vivant, aucun succès. Or, ce n'est pas exactement le
cas. Sans doute, il ne connut point la grande popu-
larité que goûtèrent quelques-uns de ses contemporains; il n'eut guère, comme on dit aujourd'hui,
de « succès de vente »; mais il fut lu et discuté par
tous les hommes distingués de son temps, et la critique s'occupa longuement de ses ouvrages. Cette
position particulière se trouve nettement marquée
dans un article du *Globe*, publié le 24 octobre 1829,
à propos des *Promenades dans Rome* :

« Voici un nouveau livre de M. de Stendhal, c'est-
à-dire un nouveau sujet d'éloges passionnés et de
critiques amères. Car M. de Stendhal, que nous

sachions, n'a jamais été équitablement apprécié. Il y
a dans ses idées tant de bizarreries, de hardiesse, et
presque de dévergondage; sa manière a quelque
chose de si heurté, de si rude, de si dédaigneux,
qu'il est difficile de le lire sans être séduit ou rebuté,
transporté d'aise et de colère. M. de Stendhal d'ailleurs ne ménage personne. Les noms propres, les
allusions se pressent dans ses écrits avec une incroyable abondance; et, sous ce rapport, P.-L. Courier, dit-on, lui sert de modèle et de justification.
Mais d'un coup Courier tuait son homme; M. de
Stendhal veut faire mourir le sien à coups d'épingle,
genre de supplice qui irrite encore plus qu'il ne
blesse. Enfin, c'est un écrivain mauvaise tête, qui ne
ménage personne et ne respecte rien, pas plus les
principes reconnus que les réputations établies;
peu national en outre et souvent prêt à nous trouver
des travers. De tout cela, il résulte quelques sympa-
thies et un grand nombre de haines. Aussi, pour les
uns, l'auteur de *Naples, Rome et Florence*, de l'*Histoire de la peinture*, de la *Vie de Rossini*, de *Racine
et Shakespeare*, est-il un homme de génie, qui sème
en courant des idées aussi profondes qu'ingénieuses
et dont l'ardeur impatiente n'a jamais eu que le
temps d'ébaucher. Pour les autres, c'est un homme
d'esprit, mais un homme d'esprit un peu fou. De ces
deux opinions, laquelle est la fondée? Aucune selon
nous. M. de Stendhal lui-même rirait de la première; et la seconde n'est vraie qu'à moitié.... »

Stendhal avait plusieurs fois collaboré au *Globe*,

et cette considération contribua sans doute à imposer à l'auteur de l'article une certaine réserve sympathique; d'autre part, *le Globe* était à ce moment-là tout à fait romantique; or Stendhal, après avoir salué et soutenu la nouvelle école, s'en était isolé, en haine de la déclamation, de l'enflure et de la rhétorique. Sur ce point encore, son rôle est caractérisé avec précision :

« Un autre mérite des livres de M. de Stendhal, dit l'auteur de l'article après avoir insisté sur l'abondance de ses fines observations et de ses aperçus heureux, est dans leur date. Tandis qu'il y a dix ans nous croyions encore à la tragédie classique, à la barbarie de Shakespeare, à l'immobilité absolue du beau, déjà M. de Stendhal riait de La Harpe, admirait *Macbeth*, proclamait *le beau* infini dans son essence et mobile dans sa forme. Imprimés en 1817, les deux volumes de l'*Histoire de la peinture* en font foi. Il est vrai que, depuis, nous avons marché, tandis que M. de Stendhal est resté au même point. Peut-être est-il aujourd'hui en arrière; mais n'oublions pas qu'il y a dix ans il était en avant. »

Comme on le voit par cet article, avant même d'avoir publié ses deux grands romans, Stendhal était rangé parmi les auteurs avec lesquels on comptait; on aimait à reconnaître les services qu'il avait rendus à la littérature nouvelle; mais, en même temps, on méconnaissait son attitude, on l'accusait d'être resté immobile, « en arrière », alors qu'il s'était seulement développé dans un autre sens;

enfin, il avait des détracteurs décidés et des admirateurs enthousiastes.

Parmi ces admirateurs, il en est deux qui ont tenu à exprimer et à justifier leur admiration : ce sont Mérimée et Balzac.

On ne saurait méconnaître l'influence directe de Stendhal sur Mérimée : ce fut peut-être à l'école de Beyle que l'auteur de *Carmen* apprit à rechercher cette précision qui va souvent jusqu'à la sécheresse, et qui marque d'un cachet si personnel ses nouvelles les mieux réussies. Pourtant, quoique Mérimée fût de vingt ans plus jeune que Stendhal, leurs relations furent plutôt, semble-t-il, des relations d'amitié personnelle que de sympathie littéraire. Dans les lettres que Stendhal adresse à son jeune ami, des lettres presque affectueuses, il se laisse entraîner par son attachement pour lui jusqu'à le placer au premier rang de la littérature. « J'ai connu Beyle vers 1820, raconte de son côté Mérimée dans les notes et souvenirs qu'il a placés en tête de la *Correspondance*; depuis cette époque jusqu'à sa mort, malgré la différence de nos âges, nos relations ont toujours été intimes et suivies. Peu d'hommes m'ont plu davantage; il n'y en a point dont l'amitié m'ait été plus précieuse. Sauf quelques préférences et quelques aversions littéraires, nous n'avions peut-être pas une idée en commun, et il y avait peu de sujets sur lesquels nous fussions d'accord. Nous passions notre temps à nous disputer l'un et l'autre de la meilleure foi du monde, *chacun soupçonnant l'autre d'entête-*

ment et de paradoxe; au demeurant bons amis, et
toujours charmés de recommencer nos discussions.
Quelque temps *je l'ai soupçonné de viser à l'originalité*. J'ai fini par le croire parfaitement sincère.... »
— J'ai souligné deux phrases qui me paraissent
assez caractéristiques des relations de ces deux
hommes singuliers : ils se méfiaient l'un de l'autre,
et c'était ce qu'il leur fallait; ils se fournissaient
tour à tour l'occasion d'exercer leur sagacité ombrageuse, et trouvaient à s'étudier réciproquement un
plaisir toujours nouveau. L'amitié à base de méfiance,
pimentée par la peur incessante d'être dupe, c'est
bien là le sentiment qui devait convenir à ces deux
peintres de l'amour à base de haine. Autant qu'on en
peut juger, Stendhal a réellement admiré quelques-
uns des écrits de Mérimée, tandis que Mérimée a
plus goûté la personne de Stendhal que ses ouvrages.

Quant à Balzac, il fut de ceux que *la Chartreuse de
Parme* séduisit complètement; et l'étude qu'il fit de
Beyle au moment où parut le roman remplit plus
de cinquante pages de sa *Revue parisienne*. Il commence par diviser la littérature en trois écoles :
école des *images*, école des *idées*, école de *l'éclec-
tisme* : il range Beyle parmi les maîtres les plus
distingués de la littérature des idées, « à laquelle
appartiennent MM. de Musset, Mérimée, L. Gozlan,
Béranger, Delavigne, G. Planche, Mme de Girar-
din, A. Karr et Charles Nodier ». — On est quelque
peu étonné de trouver ensemble, au même plan, des

noms si disparates et de valeur si inégale. Mais
Balzac n'était point un critique : il n'en avait pas la
sagacité ; l'eût-il eue, que sa situation de romancier lui aurait à peine permis de s'en servir. Pourtant, il exprime avec beaucoup de franchise l'admiration que lui inspire la nouvelle œuvre de Stendhal,
dont il n'avait guère, jusque-là, goûté les écrits
« extrêmement spirituels ». *La Chartreuse de Parme*
lui semble le chef-d'œuvre de cette littérature qu'il
a dénommée la « littérature à idées ». Il vient de la
lire pour la troisième fois, et il en a été si charmé,
qu'il craint de ne pouvoir mesurer ses expressions ;
dans le fait, exubérant comme toujours, il ne les
mesure guère : « M. Beyle, dit-il, a fait un livre où
le sublime éclate de chapitre en chapitre. Il a produit, à l'âge où les hommes *trouvent* rarement un
sujet grandiose et après avoir écrit une vingtaine de
volumes extrêmement spirituels, une œuvre qui ne
peut être appréciée que par les âmes et par les
gens vraiment supérieurs. Enfin, il a écrit *le Prince
moderne*, le roman que Machiavel écrirait, s'il vivait
banni de l'Italie au XIXᵉ siècle. Aussi le plus grand
obstacle au renom mérité de M. Beyle, vient-il de ce
que *la Chartreuse de Parme* ne peut trouver des lecteurs habiles à la goûter que parmi les diplomates,
les ministres, les observateurs, les gens du monde
les plus éminents, les artistes les plus distingués,
enfin, parmi les douze ou quinze cents personnes
qui sont la tête de l'Europe. Ne soyez donc pas
étonnés que, depuis dix mois que cette œuvre sur-

prenante a été publiée, il n'y ait pas un seul journaliste qui l'ait ni lue, ni comprise, ni étudiée, qui l'ait annoncée, analysée et louée, qui même y ait fait allusion. Moi, qui crois m'y connaître un peu, je l'ai lue pour la troisième fois ces jours-ci : j'ai trouvé l'œuvre encore plus belle, et j'ai senti dans mon âme l'espèce de bonheur que cause une bonne action à faire. » — Après avoir ainsi fait une large part à la louange, Balzac introduisait quelques réserves : l'œuvre, pour lui, manquait d'unité, avec son début trop développé et sa conclusion trop prolongée ; et le style, en tant du moins qu'arrangement de mots, lui en paraît le côté faible : il est négligé, incorrect à la manière des écrivains du XVIIe siècle, avec des désaccords dans les verbes, des *c'est*, des *que*, des *ce que* en abondance, qui fatiguent le lecteur ; des phrases longues mal construites, des phrases courtes qui manquent de rondeur. Ces observations diminuèrent peut-être le plaisir que causa à Stendhal un tel article signé d'un tel nom, car il les discute avec insistance dans sa réponse ; il n'en fut pas moins fort satisfait, comme le prouvent la longueur et le ton de cette réponse. De fait, l'article de Balzac fut l'éloge le plus éclatant que lui accorda la critique, de son vivant. Il a été réimprimé à la suite de *la Chartreuse de Parme*, dans l'édition de 1846, ainsi que la réponse qu'il avait provoquée.

Mérimée et Balzac étaient, comme Beyle lui-même, des indépendants, qui n'avaient, en somme, que peu d'attaches avec le groupe romantique, dans lequel s'absorbaient presque toutes les forces de l'époque. Or, les romantiques ne partagèrent ni leur sympathie, ni leur admiration. La plupart d'entre eux dédaignaient Stendhal. Ceux qui lui prêtent quelque attention ne l'aiment guère : Alfred de Vigny, qui lut *la Chartreuse de Parme* dès son apparition, en fut plutôt froissé. Il la définit un « ouvrage sans conception profonde, mais plein d'observations très fines sur le monde diplomatique ». Et il ajoute, après avoir relevé quelques-uns des conseils d'hypocrisie religieuse que la duchesse de Sanseverino donne à son neveu : « Les portraits sont fins et vrais : mais c'est la peinture d'un monde trop bas et trop haïssable pour sa lâche hypocrisie. La tante disant à son neveu : « Cet homme a une manie qui est d'être « aimé, baise-lui la main », me soulève le cœur. » — Quant à Victor Hugo, le hasard me met dans les mains un curieux document où éclate sa profonde antipathie pour l'écrivain qui, à ses débuts, l'avait trouvé « somnifère ». En 1867, il écrivait à un romancier bien inconnu, et très stendhalien, Robert Maunoir, qui venait de publier un roman italien, le billet suivant :

« Je quitte votre livre pour vous remercier. Vos *Nuits du Corso* sont une œuvre distinguée. Vous peignez Rome avec le charme profond du vrai ; vous peignez le cœur humain, ce qui est plus difficile, avec la double puissance de l'observation et de l'imagination. Il m'est impossible de comprendre votre goût pour Stendhal-Beyle, étant l'intelligence

délicate et forte que vous êtes. Stendhal a de l'aplomb,
vous avez de la pensée, c'est mieux [1]. »

Stendhal-Beyle supportait allégrement cette indifférence hostile, qui d'ailleurs était réciproque. Il
savait — c'est même lui qui a, je crois, exprimé le
premier cette forte vérité — qu'en littérature, l'admiration est « un brevet de ressemblance ». Or, il
ne ressemblait point aux romantiques, et s'en félicitait. Il voyait en eux des disciples de Chateaubriand,
qu'il détestait. De plus, il n'avait aucun goût pour les
écoles. La seule idée qu'il ait jamais eue réellement
en commun avec les romantiques, c'est son admiration pour Shakespeare. Encore le comprenait-il
autrement qu'eux. Il n'accepta jamais leur pro-
gramme, et cessa de les soutenir lorsqu'ils eurent
triomphé. Quand il parle de leurs œuvres, c'est avec
dédain. D'ailleurs, il n'en parle guère, il ne les lit pas.
Il n'aurait donc pu s'étonner de n'être ni aimé ni
compris des hommes qui régnaient alors dans les
lettres, puisque lui-même ne les comprenait ni ne les
aimait.

Le grand critique de l'école, Sainte-Beuve, se
chargea d'exprimer le jugement le plus favorable (à
part celui de Balzac) qui ait été porté sur Beyle par
ses contemporains. Ses œuvres complètes paraissaient chez Michel Lévy. C'était en 1854. La génération nouvelle commençait à s'éprendre de ses
livres, à les rechercher, à les commenter. « C'est

1. Propriété de M. le professeur Ed. Tavan.

autour de lui et de son nom, dit Sainte-Beuve,
comme une renaissance. Il en eût été fort étonné.
Ceux qui ont connu personnellement M. Beyle, et
qui ont le plus goûté son esprit, sont heureux
d'avoir à reparler de cet écrivain distingué, et, s'ils
le font quelquefois avec moins d'enthousiasme que
les critiques tels que M. de Balzac, qui ne l'ont
vu qu'à la fin et qui l'ont inventé, ils n'en sont pas
disposés pour cela à lui rendre moins de justice et
à moins reconnaître sa part notable d'originalité et
d'influence, son genre d'utilité littéraire. » L'étude
ainsi annoncée est d'un ton fort modéré. Elle traite
successivement de l'homme, du critique, du touriste
et du romancier. Ce dernier est tout à fait mal-
traité : « Ses romans sont ce qu'ils peuvent, mais ils
ne sont pas vulgaires; ils sont comme sa critique,
surtout à l'usage de ceux qui en font; ils donnent
des idées, ils ouvrent bien des voies ». — « Donner
des idées », « ouvrir des voies », c'est là, en sub-
stance, tout le « genre d'utilité » que Sainte-Beuve
reconnaît à Stendhal. « Aux sédentaires comme moi,
dit-il en établissant le bilan de son auteur et il y
en avait beaucoup alors , il a fait connaître bien des
noms, bien des particularités étrangères; il a donné
des désirs de voir et de savoir, et a piqué la curiosité par ses demi-mots. Il a jeté des citations fami-
lières de ces poëtes divins de l'Italie qu'on est hon-
teux de ne point savoir par cœur; il avait cette jolie
érudition que voulait le prince de Ligne et qui sait
les bons endroits. Longtemps je n'ai dû qu'à lui et

quand je dis *je*, c'est par modestie, je parle au nom
de bien du monde le sentiment italien vif et non
solennel, sans sortir de ma chambre. Il a réveillé et
stimulé tant qu'il a pu le vieux fonds français; il a
agacé et taquiné la paresse nationale des élèves de
Fontanes, si Fontanes a eu des élèves. Tel, s'il était
sincère, conviendrait qu'il lui a dû des aiguillons;
on profitait de ses épigrammes plus qu'on ne lui en
savait gré. Il nous a tous sollicités, enfin, de sortir
du cercle académique et trop étroitement français, et
de nous mettre plus ou moins au fait du dehors; il a
été un critique, non pour le public, mais pour les
artistes, mais pour les critiques eux-mêmes : Cosaque
encore une fois, Cosaque qui pique en courant avec
sa lance, mais Cosaque ami et auxiliaire, dans son
rôle de critique, voilà Beyle. »

Comme on le voit, Sainte-Beuve n'en est point à
considérer Stendhal comme un initiateur : il lui
assigne une place à la fois distinguée et modeste; il
le range dans la filière de ces esprits indépendants,
piquants, vifs et hardis, comme Rivarol, Rulhière ou
Chamfort, que le xviiie siècle produisit en si grand
nombre; il lui reproche le « décousu » de son œuvre,
et la sagacité qu'il lui reconnaît ne suffit point à
l'enthousiasmer. Ce jugement allait se transformer
du tout au tout entre les mains du critique qui devait
être le successeur de Sainte-Beuve, M. Taine.

Incidemment, dans ses *Philosophes français*, et
plus tard dans une étude spéciale consacrée à
Stendhal, M. Taine retrouve tout l'enthousiasme de

Balzac. Pour lui, l'auteur de *la Chartreuse de Parme*
— car c'est ce livre-là qu'il admire surtout — n'est
plus, comme pour Sainte-Beuve, un franc-tireur
indépendant de l'armée des lettres, un esprit distingué, sagace, piquant, mais impertinent et paradoxal, un brillant amateur, enfin, qui fit des lettres
en gentleman, pour le plaisir, et non sans un certain mépris de ce qui tombait de sa plume ; c'est un
« esprit supérieur » dans tous les sens que ce mot
comporte, un « grand romancier », dont les deux
ouvrages capitaux, suivis et savants, sont dignes
d'être placés à côté des meilleurs romans de Balzac ;
c'est « le plus grand psychologue du siècle », le
peintre par excellence des mouvements du cœur et
de la vie de l'esprit.

　　Je cherche des raisons subjectives à l'admiration
de M. Taine, et n'en trouve pas. Cette admiration,
en tout cas, n'est pas un « brevet de ressemblance »,
car on pourrait difficilement imaginer deux esprits
plus différents que les auteurs des *Promenades dans
Rome* et des *Notes sur l'Italie*. Le premier, quelque
supériorité qu'on lui concède, est un observateur
de détails, qui note au hasard, sans plan, sans parti
pris, les idées que lui suggèrent ses voyages, ou
l'étude d'un sujet, ou la marche d'un roman. Le
second est un homme de méthode, et même de système, qui procède successivement par induction et
par déduction, selon les principes de la logique la
plus rigoureuse. Et pourtant, cette différence essentielle n'a pas empêché M. Taine, non seulement

d'être le premier, depuis Balzac, à reconnaître et à
démontrer le génie de Stendhal, mais encore de
s'imprégner de lui et de lui faire de nombreux
emprunts. On ne saurait, en effet, lire *la Philosophie
de l'art*, par exemple, sans trouver, dans les pages
consacrées à la Renaissance italienne, des traces
directes de l'influence de Stendhal : telles pages sur
Benvenuto Cellini auraient pu, semble-t-il, figurer
dans la fameuse *Histoire de l'énergie en Italie*, qui ne
fut jamais exécutée, ni peut-être commencée. Cette
influence, qu'on pourrait suivre encore dans *Thomas
Graindorge*, dans les « Notes de voyage », etc.,
se manifeste d'une façon particulièrement éclatante
dans le dernier volume des *Origines de la France
contemporaine*. On sait les sentiments enthousiastes
que Stendhal avait voués à Napoléon, dont ses lettres et ses livres sont tout remplis. Une des causes
de cette admiration, c'est que, lui qui adorait le
XV⁰ siècle italien, Machiavel, *le Prince*, la *Vie de
Castruccio Castracani*, César Borgia et les tyranneaux moins heureux, il voyait en Bonaparte comme
une âme attardée de cette époque, l'âme d'un con-
dottiere dont les circonstances avaient fait un souverain moderne. Cette idée, sur laquelle Stendhal
revient à plusieurs reprises, M. Taine s'en est
emparé, l'a développée, en a fait la clef de toute son
interprétation du caractère de Napoléon. Le dirai-je?
elle peut paraître piquante et juste sous la plume
légère de Stendhal, qui la laisse tomber comme en
courant et n'y insiste pas. Mais, ramassée, amplifiée,

systématisée, elle devient discutable : alors, pour le
faire accepter — encore avec des réserves. — il faut
les savantes nuances et les puissants développements dont M. Taine a su l'envelopper.

Quoi qu'il en soit, après l'étude de M. Taine qui
est, je crois, de 1866, la gloire de Stendhal fut défini-
tivement établie. Dans le monde des lettres, il devint
une des influences les plus agissantes, un des maîtres que les débutants invoquent et relisent. On
dit couramment : « Balzac et Stendhal ». Le public
suivit le mouvement : il y eut de nouvelles éditions
de ses principaux ouvrages, des éditions de luxe,
même; et les diverses écoles littéraires, qui depuis
vingt ans se succèdent avec une inquiétante rapi-
dité, ont toutes cherché à l'accaparer. C'est ainsi
que, quoique Flaubert le détestât, à cause de son
mépris du style « artiste », les naturalistes le reven-
diquèrent comme un ancêtre, jusqu'au jour où les
psychologues le leur enlevèrent.

Cette phase nouvelle de l'histoire de la gloire de
Stendhal est marquée par un article de M. Zola, fort
remarquable d'ailleurs, qui parut d'abord dans *le
Messager d'Europe*, puis dans *les Romanciers naturalistes* (1881. M. Zola venait de publier son principal manifeste littéraire, *le Roman expérimental* :
voyant Stendhal fort admiré autour de lui, par quelques-uns de ses disciples, il essaya de s'emparer de
lui et d'en faire un des précurseurs de l'école nouvelle. La tâche n'était point commode : idéologue à la
façon de Destutt de Tracy, Stendhal ne se souciait

guère de l'observation telle que M. Zola la comprenait
après Claude Bernard; d'autre part, curieux seulement de « psychologie », dans le sens classique du
mot, il n'accordait point à la « physiologie » l'importance que les naturalistes réclamaient alors pour
elle. Avec sa rare droiture d'esprit et son robuste
bon sens, M. Zola reconnut cette double difficulté,
et ne tenta pas de l'escamoter. Stendhal lui apparut,
comme il l'est en réalité, en opposition avec Balzac,
beaucoup plus logicien qu'observateur : « Stendhal,
pour moi, dit-il avec beaucoup de franchise, n'est
pas un observateur qui part de l'observation pour
arriver à la vérité grâce à la logique; c'est un logicien qui part de la logique et qui arrive souvent à
la vérité, en passant par-dessus l'observation ».
Cette logique, qui va droit devant elle, le froisse un
peu. Mais ce qui l'offusque davantage encore, c'est
qu'avec sa passion de disséquer les âmes, Stendhal
oublie les corps : il veut décrire l'âme, et il oublie
de marquer ses attaches avec les sens, avec le milieu.
Il la montre « fonctionnant toute seule dans le vide ».
« C'est de la mécanique psychologique, ce n'est plus
de la vie. » Et M. Zola, pour mieux se faire entendre,
invoque un exemple, qui, en effet, lui permet de
s'expliquer avec une parfaite clarté :

« Il y a, dit-il, un épisode célèbre, dans *le Rouge
et le Noir*, la scène où Julien, assis un soir à côté de
Mme de Rênal, sous les branches noires d'un arbre,
se fait un devoir de lui prendre la main, pendant
qu'elle cause avec Mme Derville. C'est un petit

drame muet d'une grande puissance, et Stendhal y
a analysé merveilleusement les états d'âme de ses
deux personnages. Or, le milieu n'apparaît pas une
seule fois. Nous pourrions être n'importe où, dans
n'importe quelles conditions, la scène resterait la
même, pourvu qu'il fît noir. Je comprends parfaitement que Julien, dans la tension de volonté où il se
trouve, ne soit pas affecté par le milieu. Il ne voit
rien, il n'entend rien, il ne sent rien, il veut simplement prendre la main de Mme de Rênal et la
garder dans la sienne. Mais Mme de Rênal, au contraire, devrait subir toutes les influences extérieures.
Donnez l'épisode à un écrivain pour qui les milieux
existent, et dans la défaite de cette femme, il fera
entrer la nuit, avec ses odeurs, avec ses voix, avec
ses voluptés molles. Et cet écrivain sera dans la
vérité, son tableau sera plus complet. »

L'exemple est bien significatif : il fait ressortir
avec un singulier relief la différence qui sépare le
procédé littéraire de Stendhal de celui de M. Zola.
Aussi M. Zola a-t-il quelque peine à trouver ce
qu'il faut admirer dans son pseudo-précurseur, le
« coup de génie », comme il dit. Après avoir cherché, il finit par déclarer que ce « coup de génie »
de Stendhal est « dans l'intensité de vérité qu'il
obtient souvent avec son outil de psychologue, si
incomplet, si systématique qu'il puisse être ». C'est
quelque chose, si l'on veut, mais cela n'empêche
pas que ses personnages, au lieu d'être « en chair
et en os » comme ceux de Balzac, ne sont que

des machines « intellectuelles et passionnelles »;
qu'ils « semblent avoir la migraine, tellement il leur
travaille la cervelle »; que « ses romans sont des
œuvres de tête, de l'humanité quintessenciée par un
procédé philosophique ». Comme on le voit, l'admiration s'atténue de plus en plus; M. Zola réussit
pourtant à la retenir au moment où elle va disparaître, et conclut en ces termes :

« .... Stendhal est grand toutes les fois que son
admirable logique le conduit à un document humain
incontestable; mais il n'est plus qu'un précieux de
la logique, lorsqu'il torture un personnage pour le
singulariser et le rendre supérieur. J'avoue franchement qu'alors je ne puis le suivre; ses allures de
mystère diplomatique, son ironie pincée, ces portes
qu'il ferme et derrière lesquelles il n'y a souvent qu'un néant laborieux, me donnent sur les
nerfs. Il est notre père à tous, comme Balzac, il a
apporté l'analyse, il a été unique et exquis, mais il
a manqué de la bonhomie des romanciers puissants.
La vie est plus simple. »

Ces appréciations sembleront sans doute un peu
contradictoires, et il y a quelque chose d'assez piquant dans ce « notre père à tous » qui « me donne
sur les nerfs ». Mais M. Zola, gêné par son rôle de
chef d'école, ne voulait pas repousser Stendhal,
bonne recrue posthume, et ne pouvait admirer
qu'avec bien des réserves un esprit si différent du
sien. Il a concilié ces deux nécessités comme il a
pu; et, malgré les contradictions qu'elle renferme,

sa conclusion est, en somme, pleine de sagesse et
fort juste.

Trois ans après M. Zola, M. Paul Bourget consa-
crait à Stendhal le cinquième de ses *Essais de psychologie contemporaine*. Après avoir défini, avec une
rare pénétration, le caractère de Beyle, M. Bourget
cherchait en lui la première manifestation de deux
des traits les plus frappants de la littérature nouvelle : l'esprit d'analyse et le cosmopolitisme. Peut-
être, comme M. Zola, quoique dans un autre sens,
forçait-il un peu son auteur pour le mettre d'accord
avec ses propres aspirations : l'analyse, telle que la
comprit et la pratiqua Stendhal, n'était point encore
l'outil sec et tranchant qu'elle devait devenir dans la
suite; une sensibilité très vive, très primesautière,
lui faisait encore équilibre, avec un épicurisme
raffiné. Ni Beyle, ni ses personnages, quelque puissance de réflexion qu'ils possèdent, quelque plaisir
douloureux qu'ils éprouvent à raisonner leurs actes,
ne sont dépourvus du ressort qui fait agir et qui fait
aimer : Fabrice del Dongo, Julien Sorel, Mlle de
la Môle elle-même, sont toujours susceptibles de la
passion la plus violente. Quant à son cosmopolitisme, c'était un singulier mélange de mauvaise
humeur contre la France monarchique et de goût
pour l'Italie, auquel se joignait encore cette vive
curiosité de toutes les manifestations de l'esprit, qui
lui faisait écrire à son ami R. Colomb : « Il serait
ridicule de ne pas connaître tous les poètes et toutes
les littératures ». Mais ce n'était rien de plus. Et

l'homme qui prit un pseudonyme allemand et se
donna pour Milanais dans son épitaphe, fut le même
qui ne parla jamais sans attendrissement du patrio-
tisme de sa jeunesse, qui admira Napoléon pour
avoir exalté la France, qui, plus tard, ne pardonna
pas au gouvernement de Juillet une concession qu'il
jugeait humiliante pour son pays. M. Bourget semble
oublier un peu tout cela lorsqu'il nous montre Beyle
contribuant à créer « une cité vague et supérieure,
patrie des curiosités suprêmes, des vastes théories
générales, de la savante critique et de l'indifférence
compréhensive », patrie flottante de la « haute société
contemporaine », qui la promène avec ses malles de
Pise à Interlaken, de Biarritz à Scheveningue. Je ne
suis pas sûr non plus, pour tout dire, que M. Bourget ait plus exactement compris le dilettantisme de
Beyle, qu'il modernise de singulière façon : « Il est,
dit-il dans une de ses plus charmantes pages, des
natures riches, pour lesquelles l'analyse est simplement une occasion de porter une végétation de sentiments inconnus. Dans ces âmes d'élite, l'extrême
développement des idées n'est pas mortel à l'intense
développement des passions; au lieu de résister à
l'esprit d'analyse, elles s'y abandonnent, elles se
complaisent à donner au sentiment l'amplitude d'une
pensée. La fièvre cérébrale se surajoute pour elles à la
poussée de la vie instinctive, sans la ralentir. Elles
aiment d'autant mieux qu'elles savent qu'elles aiment,
elles jouissent d'autant plus qu'elles savent qu'elles
jouissent. C'est parmi ces âmes que se recrute la

légion des grands artistes modernes, et si nous
sommes les rivaux des siècles plus jeunes, c'est
par quelques œuvres où ces âmes ont fixé un peu de
l'Idéal qui flotte devant elles, mirage douloureux
et sublime, dont les anges du plus profond vision-
naire de la Renaissance, Léonard de Vinci, paraissent déjà éprouver les affres alliciantes. Il y a
du Vinci dans Beyle, comme dans Renan, comme
dans Baudelaire, comme dans Henri Heine, comme
dans tous les épicuriens mélancoliques de cet âge
étrange, où les métaux les plus précieux de la civilisation et de la nature se fondent, dans la tête des
tout jeunes hommes, ainsi qu'en un creuset incan-
descent et intelligent.... » Beyle eût été, je crois, fort
étonné, en parcourant d'un œil sceptique ces lignes
exquises. Les anges de Léonard, Baudelaire, M. Renan ! Sommes-nous assez loin du « hussard romantique » qui trouvait le temps de se raser pendant les
plus mauvais jours de la campagne de Russie, de
l'aimable mélomane qui se pâmait aux airs de Rossini et de Cimarosa, du gras causeur qui scandalisa
George Sand, du consul accort et croustillant qui se
félicitait de son talent à se « faire bien venir des
paysans » et des belles filles de la campagne romaine !
Et il eût été étonné aussi, lui qui éclata de rire en
parcourant l'article de Balzac, d'apprendre que *le
Rouge et le Noir* est un « livre extraordinaire », une
eau-forte où « un univers tient tout entier ». Car
pour M. Bourget, comme déjà pour M. Zola, ce
n'est plus *la Chartreuse de Parme* qui est le chef-

d'œuvre, c'est *le Rouge et le Noir*. Et cette évolution
me paraît significative : elle montre que la sécheresse et l'ironie sont à la hausse sous la « bonhomie » que réclame l'un, comme sous les phrases
enguirlandées d'idéal de l'autre....

Toutefois, c'est bien justement que M. Bourget
place Stendhal parmi les auteurs qui ont exercé
l'influence la plus considérable sur la génération
nouvelle, si du moins l'on en juge par lui-même. Il est
tout imprégné de « beylisme » et son œuvre, déjà si
importante, porte le cachet direct et non méconnais-
sable de l'auteur du *Rouge et Noir*. C'est lui qui rappelle en tête de ses *Essais* cette parole d'un « grand
observateur », que « beaucoup d'hommes n'auraient
jamais été amoureux s'ils n'avaient entendu parler
de l'amour ». Et il ajoute : « A coup sûr, ils auraient
aimé d'une autre façon ». Certes, je me garderai
bien de dire que M. Bourget, qui est un des tempéraments d'écrivains les plus accentués qu'on puisse
imaginer, n'aurait jamais écrit s'il n'avait pas lu
Stendhal. Mais on peut affirmer qu'il aurait écrit, lui
aussi, d'une autre façon. Plus peut-être qu'aucun de
ceux qu'il étudie dans ses *Essais*, plus que Baudelaire, plus que M. Renan, plus que Flaubert, plus
que M. Leconte de Lisle, autant pour le moins que
M. Taine, Beyle a été son vrai maître, celui qui a
donné la première impulsion, et la plus durable,
à son génie littéraire, celui qui s'est emparé le plus
complètement de son esprit, à tel point qu'il le gou-
verne encore. Est-ce que son premier roman, *Cruelle*

Énigme, n'offre pas, dans ses personnages et jusque dans son arrangement, de frappantes ressemblances avec le premier roman de Stendhal, *Armance*? Est-ce que dans celui de ses livres où il a mis le plus d'effort, *le Disciple*. M. Bourget ne s'est pas visiblement rapproché du *Rouge et Noir*? Robert Greslou est un frère cadet de Julien Sorel, un Julien énervé, affadi, mais représentant, comme l'autre, « un grand nombre d'êtres semblables à lui », et créé sous l'empire d'une « idée très essentielle à l'époque ». La ressemblance n'existe pas seulement dans l'ensemble des caractères, dans la parité des positions sociales, des besoins, des ambitions, dans l'analogie des situations, elle se retrouve parfois jusque dans le détail des mots. Robert Greslou, par exemple, écrira dans son journal, en parlant de ses maîtres et de ses camarades : « Je me sentais *différent* d'eux, d'une différence que je résumerai d'un mot : je croyais les comprendre tout entiers et je ne croyais pas qu'ils me comprennent », là où Stendhal avait dit : « Julien... ne pouvait plaire, il était trop *différent* », les deux auteurs attachant à ce mot *différent* le même sens de supériorité, comme on peut s'en assurer en parcourant le commentaire sur *le Rouge et le Noir* qui termine l'Essai consacré à Stendhal. — C'est dans Stendhal encore, nourri lui-même des *Liaisons dangereuses*, qu'on retrouverait l'origine du séducteur à froid, méfiant et sec, qui s'appelle Armand de Querne dans *Crime d'amour*; et l'idée première de la *Physiologie de l'amour moderne*, le livre peut-être le plus

personnel et le plus puissant de M. Bourget ; et
peut-être encore celle du « tourisme » qui nous a
valu les *Sensations d'Oxford* et les *Sensations d'Italie.*

M. Bourget n'est point un cas isolé : « Si j'écrivais
de la critique par anecdotes, dit-il lui-même dans
son Essai…. je raconterais d'étranges causeries entre
écrivains connus, dont les citations de ces petites
phrases, rêches et sèches comme les formules du
code, faisaient toute la matière. L'un disait : « *M. de*
« *la Vernaye serait à vos pieds* ». L'autre continuait :
« *éperdu de reconnaissance* »…. C'était à qui sur-
prendrait son compère en flagrant délit d'ignorance
d'un des adjectifs du livre.. » Autour du jeune critique, en effet, vers 1880, Stendhal était le dieu, et
on lui rendait un culte qui dure encore aujourd'hui.
Il avait des fanatiques, comme ce journaliste distingué, mort trop tôt, Léon Chapron, qui écrivit, en
1885, la dithyrambique préface de la luxueuse édition
de *Rouge et Noir* que publia la maison Conquet.
Il en a encore : M. Casimir Stryienski a consacré
déjà plusieurs années à déchiffrer ses indéchiffrables
manuscrits de Grenoble, à les classer et à les
publier. Mais surtout, Stendhal a été imité. Il a
hanté l'esprit de tous les « psychologues », qui ont
cru avec ferveur à sa perspicacité surhumaine et qui
se sont confondus en efforts pour s'en approprier les
procédés spécieux et les apparentes certitudes. On
retrouve Stendhal au fond de presque tous les jeunes
romanciers qui se sont fait un nom dans ces dernières années, et qui lui doivent tous, directement

ou indirectement, une part plus ou moins grande de
leur originalité. Quelque chose de son éternelle méfiance et de son ironie a passé dans le talent aigu,
condensé, volontaire et fort de M. Paul Hervieu ;
M. Paul Margueritte s'efforce parfois de lui em-
prunter son analyse, qu'il adoucit de tout le charme
de son rare et délicat esprit. Seul peut-être, M. de
Maupassant a résisté à la contagion, et l'on chercherait en vain, dans ses robustes pages, fût-ce dans
Notre Cœur, la moindre trace de « beylisme ».

Heureuse destinée! Accepté presque, avec certaines réserves, par les naturalistes, et acclamé par
les psychologues, Stendhal trouve encore un accueil
sympathique auprès de l'école, assez mal définie
encore, qui s'est en dernier lieu intitulée « symbo-
liste ». Les jeunes revues lui sont favorables : on
lui pardonne son style si peu « artiste » en faveur
des qualités de fond qu'on lui découvre ou qu'on lui
prête. M. Charles Morice qui, dans sa *Littérature de
tout à l'heure*, a voulu nous donner la somme des opinions et des jugements de la génération qui monte,
s'exprime sur son compte dans les termes que voici :

« .... Stendhal, un esprit constructeur, âpre, ner-
veux, psychologue infaillible, moderne, presque indif-
férent aux lignes, sensible à l'expression de l'âme, à
la physionomie, doué, plus que quiconque, du sens
intime de la vie, n'ayant ce sens que la plume en
main, *inventant la vérité* avec une prodigieuse certi-
tude. Sa plume était cette baguette des fées, talisman
qui indique où gît le trésor. Il y a de tels hommes,

Balzac, Stendhal, qui savent la vie, avant d'avoir
vécu. Leur âme est un microcosme où, pour voir le
monde, ils n'ont qu'à regarder. Peut-être même ne
vivent-ils jamais : quand ils sortent de leurs rêves,
ce n'est que pour des préoccupations secondaires ou
disproportionnées, — Stendhal pour des tentatives
de succès mondains qui lui échappent, — Balzac pour
d'énormes entreprises commerciales qui l'écrasent :
mais ces mêmes esprits que la vie berne, rentrés dans
leur atmosphère de poètes, savent et démontent les
plus secrets rouages de cette vie ; l'un enseigne l'art
d'obtenir les triomphes qu'il n'a pas ; l'autre fait vivre
des hommes d'affaires dont les visages sont stupé-
fiants de vérité, et nous initie aux détails du quoti-
dien énorme d'une maison de commerce ou de ban-
que. — Pour d'autres, dont le monde intérieur est
un enchantement qui les console de vivre, « c'est
« la vie qui est le rêve ». Pour Stendhal, c'est son
rêve qui est la vie. L'idée de la passion, plus que la
passion même, le captive. C'est une grande intelligence passionnée. »

On ne manquera pas d'observer que bien des
termes de ce jugement ne sont guère appropriés : si
l'on laisse passer le « psychologue infaillible », on
commencera à s'étonner d'apprendre que Stendhal
« fut doué, plus que quiconque, du sens intime de
la vie », et cet étonnement ira croissant à mesure
que l'auteur de *la Chartreuse de Parme*, dans lequel
M. Zola a vu un logicien, et M. Bourget un analyste
et un dilettante, nous sera représenté comme un

poète. Mais plus la peine que prend M. Morice pour
faire entrer Stendhal dans son propre cadre est
grande, plus elle est significative : quel symptôme
plus évident de l'autorité d'un écrivain pourrait-on
invoquer, que cet effort des écoles contradictoires
à le réclamer chacune pour son compte? Le moment
arrive ainsi où l'intérêt n'est plus dans son œuvre,
mais dans les interprétations de son œuvre; et il
demeure alors assuré d'une longue actualité.

Au milieu de tous ces enthousiasmes, il faut pourtant relever quelques notes discordantes : le dédain
du représentant le plus autorisé de la critique classique, M. Brunetière, qui se contente, lorsque par
hasard il cite Stendhal, de l'appeler « impertinent »;
et surtout, une page sévère de cette belle préface du
Roman russe dans laquelle M. de Vogüé a si magis-
tralement analysé les tendances du roman français :

« On sait, dit-il, que la lignée réaliste se rattache
à Stendhal. C'est hasard de rencontre plutôt que
filiation prouvée. On ne médite pas toujours les
enfants qu'on a. L'auteur de *la Chartreuse de Parme*
ne songeait guère à faire souche littéraire; et je ne
sais si ce quinteux eût avoué la famille posthume
qui lui est survenue. Il en est de lui comme de ces
aïeux qu'on se retrouve quand on se compose une
généalogie. Par certains côtés, Stendhal est un
écrivain du xviiie siècle, à la fois en retard et en
avance sur ses contemporains. S'il lui arrive de
croiser dans le séjour des ombres Diderot et Flau-

bert, c'est bien au premier qu'il ira de confiance
donner la main. Que le procédé de l'école nouvelle
soit en germe dans la description de la bataille de
Waterloo, dans la peinture du caractère de Julien
Sorel, le fait est évident; mais au moment de reconnaître en Stendhal un vrai réaliste, nous sommes
arrêtés par une objection insurmontable : il a infiniment d'esprit, et même de bel esprit; nous le prenons
sans cesse en flagrant délit d'intervention railleuse,
de persiflage voltairien. Or, il y a incompatibilité
entre cette qualité d'esprit et le réalisme; c'est
même la plus grosse difficulté qui s'oppose, chez
nous autres Français, à l'acclimatation de cette forme
d'art. Beyle n'a rien de l'impassibilité, qui est un
des dogmes de l'école; il a seulement une abominable sécheresse. Son cœur a été fabriqué, sous le
Directoire, du bois dont était fait le cœur d'un
Barras ou d'un Talleyrand; sa conception de la vie
et du monde est de ce temps-là. Je crois bien qu'il
a versé tout le contenu de son âme dans celle de
Julien Sorel; c'est une âme méchante, très inférieure
à la moyenne. Je comprends et partage le plaisir
qu'on trouve à relire *la Chartreuse*; j'admire la
finesse de l'observation, le mordant de la satire, la
désinvolture du badinage : sont-ce là des vertus en
honneur sous le réalisme actuel? Il m'est plus
difficile de goûter *le Rouge et le Noir*, livre haineux
et triste; il a exercé une influence désastreuse sur le
développement de l'école qui l'a réclamé; et pourtant il ne rentre pas dans la grande vérité humaine,

car cette ténacité dans la poursuite du mal sent
l'exception et l'artifice, comme l'invention des Satans
romantiques. »

Comme on le voit, c'est la réaction qui commence ;
mais aussi, c'est au nom d'idées et de principes qui
pendant un demi-siècle avaient presque disparu
de notre littérature et qui viennent seulement d'y
rentrer, que M. de Vogüé attaque le *Rouge et le Noir*.
Et il n'en est pas moins vrai qu'après avoir, au début
de cette étude, constaté l'isolement de Stendhal
au milieu de ses contemporains, nous le trouvons,
en 1890, accaparé et loué par toutes les écoles, sauf
par la critique classique, telle que la représente
M. Brunetière, et par la critique moraliste que M. de
Vogüé vient de remettre en honneur. Il s'agit toujours, d'ailleurs, d'un succès restreint, d'un succès
de lettrés et de gens du métier : celui-là même
qu'annonçait Sainte-Beuve. Le « Cosaque » n'a plus
à piquer et à exciter à coups de lance les escadrons
romantiques : mais il lègue une mine assez riche à
l'exploitation des successeurs qui ne se font pas
faute d'en fouiller les filons. Peut-être lui rend-on,
avec intérêts, ce qu'on lui emprunte ; peut-être, en
échange de quelques idées qu'on lui a prises, lui
en a-t-on prêté d'autres, qu'il combattrait ou qu'il
répudierait : M. de Vogüé l'a démontré avant moi, il
n'est pas un véritable ancêtre du naturalisme : et il
faut toute la bonne volonté qu'y met M. Bourget pour
voir poindre, dans le *Rouge et le Noir*, amenée par
l'esprit d'analyse, « l'aube tragique du pessimisme ».

Mais enfin, les écrivains valent-ils par le mérite absolu de leurs œuvres, ou par les gloses dont elles sont susceptibles ? par leur puissance d'exécution ou par leur puissance de suggestion ? Selon qu'on tranchera cette question dans un sens ou dans l'autre, on applaudira Beyle ou on le sifflera. En aucun cas, on ne pourra, sans manquer de clair-voyance ou de sens historique, le laisser de côté ; et l'absence de son nom constitue une fâcheuse lacune dans l'*Histoire de la littérature française* de M. Nisard comme dans les *Études littéraires sur le* XIXe *siècle* de M. Faguet. Bonne ou mauvaise, son influence, indépendante de toute tradition et de toute école, est incontestable. A tort ou à raison, il a pris une place considérable. Notre littérature actuelle relève de lui en grande partie, et l'on ne saurait la discuter sans le discuter en même temps.

Je sais ce que répondraient ses détracteurs : notre littérature actuelle est un incident ; l'influence de Stendhal a duré trente ans à peine, va passer et passe déjà ; à quoi bon tenir compte de ces facteurs éphémères, qu'expliquent des engouements de jeu-nesse et qui ne reposent sur rien ? la critique ne doit s'occuper que des œuvres durables, et les œuvres de Stendhal sont trop évidemment imparfaites pour durer. Cela est spécieux. Mais quand nous rai-sonnons sur des œuvres encore vivantes, notre rôle est-il de marquer celles que la postérité acceptera et celles qu'elle rejettera ? sur quelles robustes certi-tudes appuierions-nous nos jugements ? et, portés au

hasard de nos préférences, ne ressembleraient-ils
pas à un jeu de devinette ou de colin-maillard ? Comprendre ce que pensent et sentent les hommes de
notre temps, chercher les facteurs de leur sensibilité et de leur intelligence, voilà, nous semble-t-il,
la tâche qui s'impose avant toute autre à la critique
contemporaine. Or, au bout de toutes les avenues
qui aboutissent à notre carrefour actuel, sauf sur la
grande route de la tradition où l'on n'aperçoit guère
que deux ou trois officiers sans soldats, on retrouve
Stendhal. Cela suffit à sa gloire du moment. Sa
gloire de demain est le secret de demain. Il rêvait
d'être compris et goûté en 1880 : il était sûr de l'être
et il l'a été. Il se demandait parfois aussi s'il serait
encore lu en 1935, et il devenait alors plus modeste
et moins affirmatif. Nous sommes moins éloignés que
lui de cette date : cependant nous ne voudrions
rien prédire de sa destinée. Peut-être qu'en cette
année-là, un vent nouveau aura balayé comme d'inu-
tiles poussières toutes les idées qu'il avait semées,
avec leurs germes et leurs pousses ; mais peut-être
aussi que, longtemps après, quelque chercheur les
retrouvera, ces graines emportées, parmi les ruines
de notre siècle ou de notre civilisation ; et peut-être
qu'elles produiront une autre récolte pareille à celle
d'aujourd'hui. Ce sont là les mystères de l'universelle palingénésie. Et savez-vous ? ces mystères me
semblent dépourvus d'intérêt. Être lu, être compris,
être goûté à son heure, par les siens ou par ceux
qui vous succèdent immédiatement, c'est beaucoup,

c'est tout ce que peut souhaiter l'homme de lettres,
qu'il écrive par ambition ou pour le plaisir d'écrire.
Le reste est un leurre, et Stendhal était bien trop
perspicace pour y compter. Il ne faut donc pas
demander pour lui plus de gloire qu'il n'en eût
demandé lui-même. Il serait, certes, heureux d'avoir
été compris par des écrivains tels que ceux qui l'ont
loué ; il se consolerait volontiers de l'indifférence ou
du dédain des autres ; et en pensant au sort plus
éloigné de ses livres, il se répéterait avec résignation
la parole profonde du poète ancien, où tiennent tous
les raisonnements possibles sur l'avenir des noms
ballottés aux hasards de la célébrité : « les petits
livres ont leurs destinées ».

FIN

TABLE DES MATIÈRES

854 H. — Coulommiers. Imp. PAUL BRODARD. — P6 H

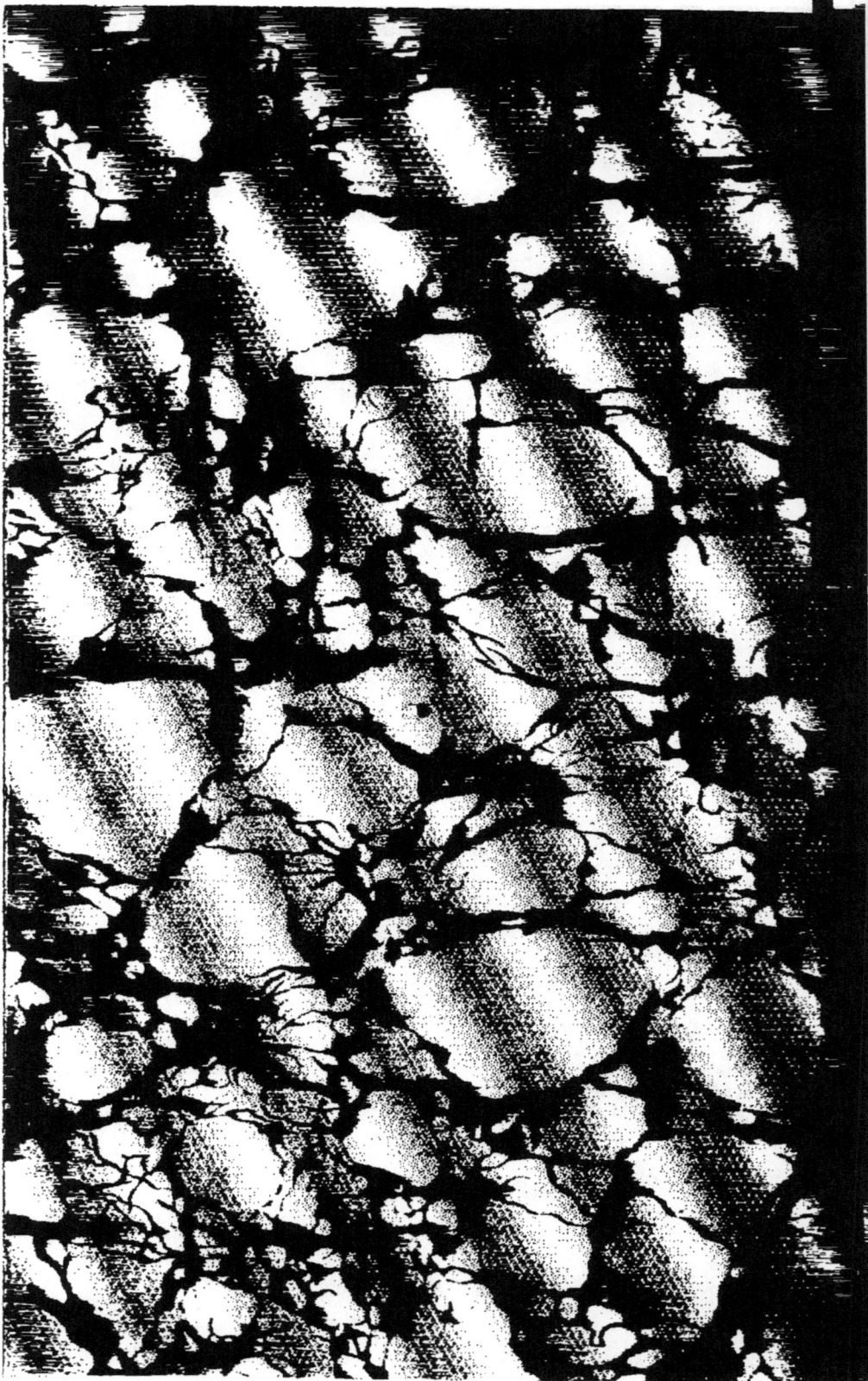

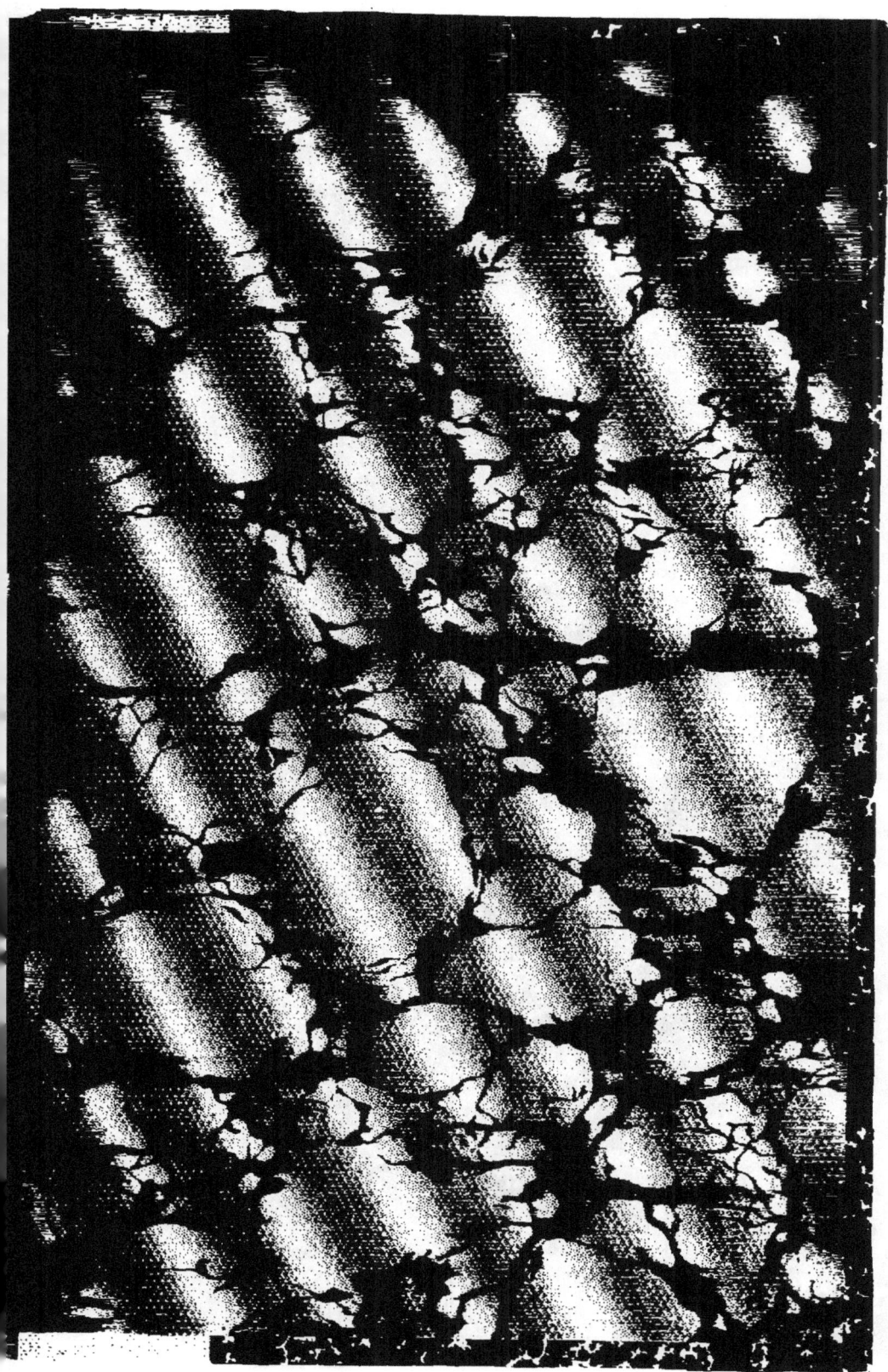

www.ingramcontent.com/pod-product-compliance
Lightning Source LLC
Chambersburg PA
CBHW072051080426
42733CB00010B/2072